Page 4

C'est M. Subervie qui est actuellement président de la section [...] du Club alpin français, et c'est Mlle Clément qui est président de l'Association des randonneurs pyrénéens.
L'autorisation de reproduction des dessins de Jean Effel nous a été donnée gracieusement par la Société nationale de protection de la nature, 57, rue Cuvier - 75005 Paris.

Page 9

Ajouter à la documentation cartographique :
- *carte I.G.N. au 1/100 000 touristique (série verte) nº 70 Pau - Bagnères de Luchon.*
- *cartes I.G.N. au 1/25 000 du Parc national des Pyrénées : feuille 1 Aspe-Ossau et feuille 2 Balaïtous.*

Page 16

L'étape de Larrau à Sainte-Engrace est longue (neuf heures) : ne pas tenir compte du panneau touristique posé au pont de Logibar qui donne six heures seulement.
Cette partie d'itinéraire est difficile à baliser (beaucoup de paturages ras) et le brouillard y est assez fréquent. Seuls les randonneurs entraînés peuvent s'y aventurer. Au pont de Logibar l'auberge de Logibaria a des chambres.
En bas de page après « puis s'élevant plus rapidement » ajouter :
en passant en dessous du cayolar d'Ardakhotchia.

Page 19

SENTIER DE SARATZE. *De la croupe à laquelle mène ce sentier, on aperçoit au nord-est une route pastorale. C'est cette même route que le G.R. 10 rejoint au cayolar de Saratzé.*

COL D'ANHAOU. *Entre le col d'Anhaou et le sentier de Kakouéta, le G.R. passe non seulement au-dessus du cayolar de Sohotolhatzé, mais aussi au-dessus du cayolar d'Anhaou.*

SENTIER DE KAKOUETA. *Ce sentier descend d'abord (vers le sud) avant de remonter (toujours sud) le long du gave de Kakouéta et de le traverser ensuite.*

Page 23

SAINTE-ENGRACE

L'hôtel signalé (Relais de la Pierre-Saint-Martin, propriétaire Honda-gneu) se trouve à proximité de l'arrivée du G.R. venant de Larrau (endroit dénommé Calla sur I.G.N.). Le ravitaillement est au lieu dit « La Caserne » à 5 km en aval. Il y a deux cafés, dont un restaurant, à 2 km en amont à proximité de l'église (au départ vers le col de la Pierre-Saint-Martin) dans l'agglomération dénommée Senta sur I.G.N.

L'église est un reste d'une ancienne abbaye sur le chemin de Saint-Jacques.
Supprimer le paragraphe relatif aux moyens d'accès ; les transports en commun les plus proches sont à Mauléon et à Oloron (S.N.C.F. et cars C.B.P. tél. (15) 27.23.45).

FERME ZOLAN. *Attention ! cette ferme n'est pas dénommée sur I.G.N.*

RAVIN D'ARPIDIA. *Remplacer la description de l'itinéraire pour la cabane de Coup (page 25) par ce qui suit.*

Au fond du canon d'Arpidia, le sentier suit la canalisation d'air comprimé qui permit à E.D.F. le percement du tunnel du gouffre de la Pierre-Saint-Martin. Puis il l'abandonne pour prendre, à gauche, un passage en « escalier » sur le flanc rocheux, et déboucher dans une forêt touffue où il se dirige vers le nord pour arriver à une source. Un peu plus haut, il longe durant quelques instants une route forestière, tourne ensuite à gauche vers le nord-est et, après un nouvel « escalier », il s'élève en larges lacets de direction générale sud-est, à travers les hêtres de la belle forêt de Lèche. Un abreuvoir avec une curieuse tête d'homme sculptée annonce la

1 h 20 - 20 mn - SORTIE DE LA FORET, *pâturages parsemés de bruyères et de myrtilles.*
Le sentier laisse à gauche la cabane en ruines d'Escuret de Bas pour monter à travers les pâturages et arriver à un second abreuvoir près de la

30 mn - 25 mn - CABANE DE COUP *(route pastorale menant au col de la Pierre-Saint-Martin).*
La suite sans changement.

Page 25

COL DE LA PIERRE-SAINT-MARTIN. C'est vers l'est que le G.R. suit d'abord la route de la station sur 1 km environ, avant d'abandonner cette route pour monter à droite au col de Mahourat.

Page 28

LESCUN. *Les trains S.N.C.F. et les cars C.B.P. à Pau - Tél. (15) 59.27. 23.45, desservent Bedous à 12 km (taxis au garage Leprêtre). Au-delà de Bedous en direction de Canfranc, le service S.N.C.F. est assuré par des cars qui s'arrêtent à Pont-de-Lescun (6 km de Lescun).*

Page 30

in fine lire : **30 mn - 20 mn - CABANE D'UDAPET-DE-HAUT.**

Page 34

Remplacer les trois premières lignes de la description de l'itinéraire pour Borce par :
« Descendre direction sud-sud-est, franchir des ruisseaux, passer entre des blocs de rochers. Le sentier atteint la

10 mn - 2 h - CABANE D'UDAPET-de-BAS, cabane aménagée en refuge par la municipalité de Borce, 4 places : disponible à partir du 1er juillet.

Le sentier traverse la forêt par un chemin en lacets bien tracés. Beau panorama... *(le reste sans changement jusqu'à Borce 1 h 10).*

ETSAUT - *Ajouter : hôtel Relais-Astrid - Tél. 7.*

Le n° de téléphone de la gendarmerie d'Urdos est 39.78.01.

Les cars C.B.P. à Pau - Tél. (15) 59.27.23.45 desservant la localité.

Page 35

C'est un nouveau sentier tracé par le Parc national des Pyrénées, qui relie la cabane de la Baigt de Saint-Cours à la hourquette du col de Larry.

Page 38

LAC DU MIEY. *Dans le sous sol du refuge d'Ayous, refuge ouvert en permanence.*

LAC DE BIOUS-ARTIGUES. *A 4 km de ce lac, au carrefour du D 231 et de la N 134 bis, le gîte d'étape signalé est géré par la section de Pau du Club alpin français.*

Page 40

GABAS. *La chapelle du XIIIe siècle (et non XIIe) est un ancien sanctuaire du chemin de Saint-Jacques-de-Compostelle.*

Laruns à 12 km, est relié à Pau par un service de cars, tél. (15) 59.27.23.45.

CARREFOUR DE PIET. *Une large route carrossable permet maintenant de descendre vers le pont de Hourcq et la N 134 bis.*

Page 43

in fine. La montée à la hourquette d'Arre se fait dans des éboulis dans lesquels le balisage difficile est souvent défectueux.

Page 45

Attention : il y a des passages vertigineux pour arriver à la station supérieure du télévoiture de Gourette (balisage G.R.) et pour ascensionner le Pic de Ger (balisage vert-orange).

GOURETTE. *Téléphoner au 50 à Gourette pour obtenir tous renseignements concernant l'ouverture estivale du chalet-skieur du Club alpin français.*

COMITE NATIONAL DES SENTIERS
DE
GRANDE RANDONNEE

Reconnu d'utilité publique

92 rue de Clignancourt
75 883 Paris Cedex 18

TOPO-GUIDE

du

SENTIER DE GRANDE RANDONNÉE

PYRENEES

**Tronçon des Pyrénées-Atlantiques
de Larrau (Pays Basque) à Arrens (Bigorre)
par le Béarn
(128 km.)**

2ème édition — Juin 1971

UNE JOURNEE DE SENTIER :
HUIT JOURS DE SANTE !

cl. Alain Chevalier

Amis randonneurs

DANS LES GROUPES «PEDESTRE»
ET «MONTAGNE» DU T.C.F. VOUS TROUVE-
REZ L'AMITIE D'UN CLUB, DES CAMARADES
DE RANDONNEE ET DES CONSEILS AUPRES
DE NOS COMMISSAIRES.

RENSEIGNEMENTS : 65, av. de la Grande Armée - 75782 Paris Cedex 16

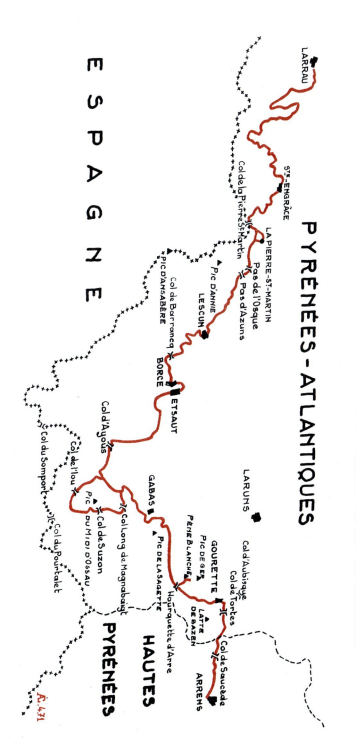

SCHÉMA GÉNÉRAL DU SENTIER DES PYRÉNÉES G.R.10
(TRONÇON DU BÉARN)
ET DU TOUR DU PIC DU MIDI D'OSSAU

PYRÉNÉES-ATLANTIQUES

ESPAGNE

HAUTES PYRÉNÉES

LARRAU

STE-ENGRÂCE

Col de la Pierre-St-Martin

LA PIERRE-ST-MARTIN

Pas de l'Osque

Pas d'Azuns

Pic d'Annie

LESCUN

Pic d'Ansabère

Col de Barrancq

BORCE

ETSAUT

Col d'Ayous

Col de l'Iou

Col du Somport

Col du Pourtalet

Pic du Midi d'Ossau

Col de Suzon

Collong de Magnabaigt

GABAS

LARUNS

Col d'Aubisque

Col de Tortes

GOURETTE

Pic de Ger

Pène Blanche

Latte de Bazen

Col de Saucede

Hourquette d'Arre

Pic de la Sagette

ARRENS

A. 4.31

Ce sentier a été créé à partir de 1964 sous la direction de **M. Dominique Jacquelin**, délégué du C.N.S.G.R. pour les Pyrénées-Atlantiques, avec le concours de MM. **Patrice Bourdeu d'Aguerre, Roger Bernadou**, président du S.C.O.V.A., **Jean Marrimpouey, du docteur Jean Verdenal et du capitaine Louyat**.

Les clubs et groupements suivants ont participé activement au premier balisage (1965) et ensuite à l'entretien de l'itinéraire :

— **Ski-Club d'Oloron et de la Vallée d'Aspe** (M. Bernadou, président).
— **Section de Pau du Club Alpin Français** (M. Larrecq, président).
— **Association des Randonneurs Pyrénéens** (M. Soulé-Péré, président).
— **Groupe randonneurs du Club Pyrénea Sports** (M. Dutot, président).
— **Association des Montagnards Argelesiens** (M. Louyat, président).
— **Scouts de France** (MM. Masse et Ph. Michaud).
— **Randonneurs de l'Ecole des Troupes Aéroportées**.
— **Agents techniques de l'Office National des Forêts** (région d'Oloron).

Il est à noter que, depuis 1969, le **Parc National des Pyrénées Occidentales** a pris en charge le balisage du tronçon du G.R. 10 situé sur son territoire.

Le présent topo-guide a été réalisé par les auteurs du balisage, le cliché de couverture est de **M. Jacquelin**. Le report du tracé du Sentier sur les documents cartographiques et le profil en long de l'itinéraire ont été dessinés par **M. Alain Chevalier**, secrétaire technique du C.N.S.G.R.

Ce guide peut présenter des lacunes ou des omissions car des modifications ont pu être apportées sur le terrain (ouverture de nouvelles routes forestières notamment), de nouveaux locaux d'hébergement ont pu être créés et d'autres fermés. Nous serions reconnaissants aux utilisateurs de nous en faire part et nous les en remercions vivement.

Espérant que cette brochure vous aidera à parcourir le Sentier G.R. 10, nous vous souhaitons...

...BONNE RANDONNEE...
...ET JOYEUSE ROUTE !

SOMMAIRE

PRÉFACE

Dans le cadre de la grande œuvre de protection de la nature et d'incitation au citadin à en apprécier les bienfaits et les charmes, il était naturel qu'une collaboration étroite s'instaurât dans les Pyrénées Occidentales entre les délégations départementales du Comité National des Sentiers de Grande Randonnée et la direction du Parc National des Pyrénées, et cela avant même la création du parc.

Dès les premières difficultés, aujourd'hui heureusement disparues, soulevées par la création du parc national, les délégations départementales du C.N.S.G.R. se rangèrent résolument et naturellement du côté des partisans du parc.

Grâce aux efforts du C.N.S.G.R. et au dévouement de ses collaborateurs, le G.R. 10 est devenu réalité, bien matérialisée et balisée sur le terrain.

Il permet aux randonneurs, par étapes successives, de traverser les Pyrénées, par des sentiers remarquables, situés en bonne partie, dans la zone périphérique et dans le parc national lui-même, notamment dans la région de l'Ossau, où sentiers créés par le parc et G.R. 10 se confondent.

Les paysages les plus variés y sont offerts, depuis les lapiaz calcaires de l'Anie, le site verdoyant du cirque de Lescun, les forêts de la vallée d'Aspe, les lacs d'Ayous, la pointe aigüe de l'Ossau, la gorge sauvage du Soussouéou et dans les Hautes-Pyrénées, la vallée d'Arrens, les lacs d'Estaing et d'Ilhéou, Cauterets, le col de Riou, les montagnes de Luz et de Barèges et le Néouvielle.

Le randonneur pourra bénéficier en chemin de gîtes d'étape tel que le refuge de Labérouat, et dans la zone du parc national, la petite cabane-refuge du Larry, les refuges d'Ayous, de Pombie, d'Arremoulit, de Cauterets (d'Ilhéou). L'administration du parc a entrepris la construction d'autres refuges.

Et s'il sait partir de bonne heure et n'être point bruyant, il lui sera facile d'observer des hardes d'isards dans les régions de l'Ossau et de Cauterets. Il lui arrivera parfois la chance, dans un bois de sapins, de faire lever un coq de bruyère ou même, dans les traversées d'Aspe et d'Ossau, de se trouver face à face avec un ours, rencontre certes exceptionnelle, inoubliable et aussi sans danger.

Le plaisir de la randonnée ce n'est pas seulement la salutaire marche à pied, c'est également l'intérêt porté à la nature, aux sites, à la flore et à la faune, dont la région des Pyrénées Occidentales est si richement pourvue.

Pierre Chimits
Directeur du Parc National
des Pyrénées Occidentales.

AVANT-PROPOS

La première édition du topo-guide décrivant la section « Béarn » du Sentier G.R. 10 des Pyrénées-Atlantiques (à l'époque Basses-Pyrénées), a paru en juin 1967. Il s'agissait d'une modeste brochure ronéotypée, illustrée de simples croquis réalisés à partir des cartes hachurées en noir et blanc au 1/50.000, type 1889, seul élément cartographique dont on disposait à l'époque. Depuis lors les cartes en couleurs de l'Institut Géographique National au 1/25.000 et au 1/50.000 (qui recouvrent intégralement les régions traversées), sont toutes sorties avec la mention du tracé du G.R. 10, chaque fois que celui-ci emprunte un sentier nettement défini.

D'autre part, l'itinéraire déborde maintenant le Béarn puisqu'il a été prolongé de Ste-Engrâce à Larrau, en Pays Basque (Soule).

En outre des modifications relativement importantes ont été apportées au tracé initial du fait de la création du Parc National des Pyrénées Occidentales : les services du parc ont, en effet, réalisé tout un réseau de chemins bien dessinés, de pente moyenne de 20 % qui remplacent les sentes d'autrefois. Il est bien évident que le tracé du G.R. 10 a été modifié pour emprunter ces nouveaux cheminements chaque fois que cela a été possible. Dans un même ordre d'idée, plusieurs itinéraires créés par l'Association Départementale des Sentiers d'Excursion, sous l'impulsion de M. Laborde-Balen, viennent se greffer sur le G.R. 10 et il était utile de les signaler.

Une nouvelle édition du topo-guide s'imposait donc. Il est apparu nécessaire au C.N.S.G.R. d'éditer un guide détaillé et de bonne présentation à l'exemple de ceux qui ont été réalisés pour d'autres itinéraires tels que le Tour du Mont-Blanc, le Sentier G.R. 5 dans les Alpes ou la section du G.R. 10 des Hautes-Pyrénées, de la Haute-Garonne et de l'Ariège (O). C'est l'ouvrage que nous avons le plaisir de vous présenter.

Le tronçon « Béarn » du Sentier G.R. 10 s'intercale entre le tronçon « Pays Basque » en cours d'étude (qui conduira de Hendaye à Larrau, soit 120 km. env.) et le tronçon de la Bigorre et du Comminges (269 km.) balisé jusqu'à Lascoux (Ariège) dont le topo-guide paru en 1964, a été réédité après révision en 1970.

Le G.R. 10 « Béarn » est un itinéraire de moyenne montagne qui traverse plusieurs sites célèbres : Pierre-St-Martin, cirque de Lescun, vallée d'Aspe, massif du Pic d'Ossau, cirque de Gourette, Aubisque. Le sentier gravit plusieurs cols dont deux dépassent l'altitude de 2.000 m., le col d'Ayous (2.200 m.) et la Hourquette d'Arre (2.465 m.). Ses altitudes minimales sont à Ste-Engrâce (580 m). et à Etsaut dans la vallée d'Aspe (600 m.).

Cet itinéraire présente une très grande variété de sites : le randonneur laissera derrière lui les montagnes basques ; il parcourra les massifs d'Aspe, avec, au passage, le très pittoresque village de Lescun. Il quittera la vallée d'Aspe par le chemin de la Mâture qui, taillé dans le roc face au fort du

Portalet, constitue une véritable curiosité. Il découvrira la merveilleuse région lacustre d'Ayous, les grandes forêts de hêtres de Piet et d'Herrana, la descente vers le lac d'Anglas, cercle presque parfait, les amoncellements de rocailles du col de Tortes.

En outre, les quatres cols principaux (Pas d'Azuns, col de Barrancq, col d'Ayous et Hourquette d'Arre) réservent, par beau temps, d'extraordinaires panoramas vers tous les horizons.

Enfin le sentier pénètre dans le Parc National des Pyrénées Occidentales au niveau de la cabane de Baigt-Sencours et le quitte à Bious-Artigues. D'autre part, tout le Tour du Pic du Midi d'Ossau est compris dans le parc dont les limites sont indiquées par des carrés blancs avec, peintes en rouge, une tête d'isard et les lettres P.N.

RENSEIGNEMENTS POUR L'UTILISATION DU TOPO-GUIDE

JALONNEMENT

Le jalonnement a été réalisé afin de supprimer, autant que possible, tout souci de recherche de l'itinéraire. Il consiste en marques (traits horizontaux blanc et rouge, doublés aux changements importants de direction), peintes sur les rochers, les murs, les arbres, les pierres, etc. ; leur densité varie avec le terrain.

Des jalons carrés comportant l'indicatif du Sentier permettent d'identifier l'itinéraire ; les principales distances sont données par des flèches placées aux carrefours importants (voir, au dos de la couverture, les croquis explicatifs).

Actuellement le réseau des chemins se modifie rapidement et le tracé des Sentiers de Grande Randonnée doit en tenir compte. Changer les marques sur le terrain est plus facile et plus rapide que de rééditer un topo-guide, c'est pourquoi le balisage devra être suivi s'il ne coïncide pas avec la description.

HORAIRE DE MARCHE

Les temps donnés d'un point à un autre, sont les temps de marche effective, sans pause ni arrêt, pour un touriste marchant à allure normale et peu chargé (3,5 à 4 km. à l'heure environ ; 300 m de dénivellation à la montée ou 450 à 500 m à la descente, à l'heure). Les campeurs avec leur matériel devront augmenter l'horaire d'environ 10 à 15 %.

ETAPES

Chacun les fera suivant le temps dont il dispose, ses possibilités physiques et son mode d'hébergement mais d'une façon générale nous pouvons conseiller le découpage suivant :

1 — Larrau-Ste-Engrâce .... 9 h.
2 — Ste-Engrâce - Station de la Pierre-St-Martin ...... 4 h.
3 — Station de la Pierre-St-Martin - Refuge de
    Laberouat ou Lescun .... 5 h. ou 6 h.
4 — Lescun — Borce ou Etsaut .... 5 h. 30 ou 6 h.
5 — Etsaut — Gabas .... 9 h.
6 — Gabas — Gourette .... 9 h.
7 — Gourette — Arrens .... 5 h. 30

DOCUMENTATION CARTOGRAPHIQUE

Bien que l'itinéraire du Sentier G.R. 10 soit jalonné et que ce topo-guide comprenne le tracé de tout le Sentier porté sur des reproductions de cartes I.G.N. au 1/50.000, nous conseillons d'emporter les cartes suivantes.

— Cartes Michelin au 1/200 000 N° 85 ou Foldex au 1/250 000 « Sud-Ouest-Pyrénées » pour bien situer les lointains.

— Cartes I.G.N. au 1/50 000 : Larrau, Laruns, Argelès-Gazost.

Ces dernières cartes peuvent être obtenues directement en s'adressant :

— soit au Service de Vente des Cartes — 107, rue la Boétie — Paris 8e — Tél. : 225.87.90. Comptoir et Bureau de renseignements ouverts du lundi au vendredi inclus (sauf jours fériés) de 8 h 45 à 18 h 30 sans interruption ;
— soit aux Agents de vente de l'I.G.N. ou aux libraires et papetiers assurant couramment la vente des cartes de l'I.G.N.

Les commandes par lettre sont à adresser :
— soit au Bureau de Vente par Correspondance — 2, avenue Pasteur — 94-St-Mandé — Tél. : 808-29-18 ;
— soit aux Agents de vente de l'I.G.N. Ceux-ci entretiennent un stock de cartes de la région où ils sont établis.

BIBLIOGRAPHIE

— Guide Bleu : Pyrénées-Gascogne ; Hachette
— Guide Vert : Pyrénées ; Michelin
— Guide Ollivier : Pyrénées Centrales, vol. 1 et 2 ; Librairie Parisienne à Pau. Ouvrages pour alpinistes, mais le randonneur y puisera de précieux renseignements.

Un sentier G.R. naît, vit, meurt ici et renaît là ; un tronçon disparait. . . le topo-guide reste. . . et il est faux !

Tenez-le à jour ; soyez au courant de tout ce qui concerne la randonnée, des projets, des réalisations, des aspirations du C.N.S.G.R.

abonnez-vous à "INFORMATIONS SENTIERS"

4 fois par an notre lien "quotidien"

Tous renseignements au secrétariat du C.N.S.G.R.
65, av. de la Grande-Armée — Paris 16ème

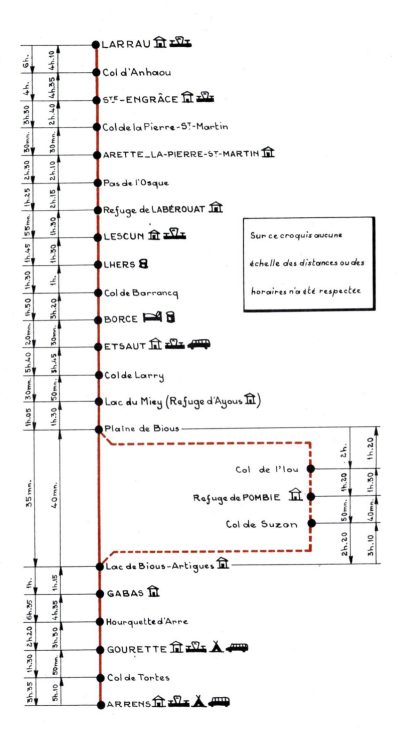

LARRAU 🏠 ⛴
Col d'Anhaou
Sᵗᵉ-ENGRÂCE 🏠 ⛴
Col de la Pierre-Sᵗ-Martin
ARETTE_LA-PIERRE-Sᵗ-MARTIN 🏠
Pas de l'Osque
Refuge de LABÉROUAT 🏠
LESCUN 🏠 ⛴
LHERS 🏨
Col de Barrancq
BORCE 🛏 🏨
ETSAUT 🏠 ⛴ 🚐
Col de Larry
Lac du Miey (Refuge d'Ayous 🏠)
Plaine de Bious
Col de l'Iou
Refuge de POMBIE 🏠
Col de Suzon
Lac de Bious-Artigues 🏠
GABAS 🏠
Hourquette d'Arre
GOURETTE 🏠 ⛴ ⛺ 🚐
Col de Tortes
ARRENS 🏠 ⛴ ⛺ 🚐

6h. | 4h.10
4h. | 4h.35
3h.30 | 2h.40
30 mn. | 30 mn.
2h.30 | 2h.10
1h.25 | 2h.15
55 mn. | 1h.30
1h.45 | 1h.30
1h.30 | 1h.
1h.50 | 3h.20
2.20 mn. | 30 mn.
30 mn. | 3h.45 | 5h.40
30 mn. | 50 mn.
1h.05 | 1h.30
35 mn. | 40 mn.
2h. | 1h.20
1h.20 | 1h.30
50 mn. | 40 mn.
2h.20 | 3h.10
1h. | 1h.15
6h.35 | 4h.35
2h.20 | 3h.30
1h.30 | 50 mn.
3h.35 | 5h.10

Sur ce croquis aucune
échelle des distances ou des
horaires n'a été respectée

CONSEILS AUX RANDONNEURS

DIFFICULTÉS DE L'ITINÉRAIRE

Randonnée agréable, à la portée de tout randonneur bien entraîné, habitué à la marche en terrain varié et au port du sac à dos.

Le G.R. emprunte toujours un chemin existant, de la simple trace dans les pâturages au tronçon de route, en passant par les chemins forestiers et les sentiers. Ni risque, ni danger ne sont à craindre et seul le mauvais temps avec brouillard ou orage peut apporter quelques difficultés.

Les efforts à prévoir sont très mesurés (étapes de 4 h. 30 à 9 h. de marche au maximum). Partir toujours tôt, dès le lever du jour pour bénéficier de la fraîcheur des premières heures de montée et surprendre les animaux : isards, marmottes, oiseaux... et ainsi par beau temps possibilité d'arrêts plus longs pour admirer le paysage, la flore et la faune. En cas d'incident vous serez sûr d'arriver assez tôt à l'étape pour ne pas inquiéter ceux qui vous savent en marche. Se méfier des névés qui peuvent se trouver sur l'itinéraire. Ne jamais faire de glissade si l'on ne voit pas la limite du névé. On ne trouvera sur le sentier ni escalade, ni traversée de glaciers.

ÉQUIPEMENT ET MATÉRIEL

— **Pour tous :**

La randonnée pédestre n'est agréable que si l'on voyage peu chargé. Il faut s'alléger le plus possible et n'emporter que le strict nécessaire. Un équipement sérieux est pourtant indispensable ne serait-ce qu'en raison des écarts de température et des changements de temps imprévus :
— bonnes chaussures de montagne en cuir, montantes à semelles de caoutchouc moulé antidérapantes (genre Belledonne ou Vibram).
— pantalon de velours ou de drap
— vêtement de pluie (pèlerine couvrant le sac à dos ou cagoule)
— veste ou anorak
— chandail de laine ou veste garnie de duvet
— crème ou liquide préventif contre le soleil pour les lèvres et le visage
— petite pharmacie de voyage, avec, entre autres, bande velpeau et sérum antivénimeux.
— bonne boussole (en cas de brouillard)
— repas d'avance dans le sac et vivres concentrés : fruits secs, chocolat, nougat, etc.
— gourde pleine
— en saison froide : bonnet et gants (moufles), lunettes à neige, etc.

— **Pour les campeurs :**

Le strict nécessaire des campeurs comprendra, en particulier, un sac de couchage garni de duvet, léger et chaud. Avant la coupe des foins demander l'autorisation de s'installer en s'adressant à l'habitation la plus proche. Si l'on envisage des camps de plusieurs jours, il vaut mieux se renseigner auprès des municipalités, des offices de tourisme ou syndicats d'initiative, des agents de l'Office National des Forêts, et consulter les publications et guides que l'on peut se procurer en librairie et auprès des associations de plein-air.

Le feu de bois peut-être envisagé partout au-dessous de 1800 m. d'altitude en respectant la réglementation en vigueur et en prenant les précautions d'usage. Le réchaud est cependant indispensable.

Dans le Parc National des Pyrénées Occidentales, seul le camp itinérant est toléré. Le feu de bois est interdit ainsi que tout ce qui peut contribuer à dégrader le site.

RAVITAILLEMENT ET LOGEMENT

Sont indiqués au cours de l'itinéraire. Souvent on pourra dans un hameau ou à une ferme isolée, demander une hospitalité, rarement refusée. Le randonneur bénéficiant de cet accueil saura se conduire discrètement et remettre à son hôte un juste dédommagement.

De juillet à fin septembre, les refuges sont gardés et, en toute saison chacun comprend une partie ouverte sommairement aménagée.

ÉPOQUE

Dès juin les cols sont praticables, bien que parfois enneigés ; les jours sont longs, la floraison particulièrement abondante. Du 15 juillet au 15 août période de grande fréquentation, il sera plus difficile de se loger. C'est en septembre et même en octobre que le temps est le plus constamment ensoleillé (bien que les soirées soient plus fraîches).

Durant les hivers d'enneigement moyen ou médiocre, les skieurs séjournant dans les stations trouveront un délassement certain à parcourir à skis, à raquettes ou à pied les sections basses de l'itinéraire.

SENS RECOMMANDÉ POUR LA RANDONNÉE

C'est de l'O. vers l'E que le parcours est le plus agréable à notre avis. La description de ce guide est faite dans ce sens.

ENCORE QUELQUES CONSEILS

Ne laisser traîner aucun détritus, surtout, verres cassés ou non, boîtes de conserve, boîtes et sacs en « plastique » ; tout ce qui pourrait causer des dommages lorsque les bêtes pâturent ou que les paysans fauchent doit être enterré soigneusement.

AUTRE RECOMMANDATION

Nous vous rappelons qu'il est interdit de fumer et de faire du feu en forêt ou même à proximité des lisières ; pas de feu non plus près des meules de foin, de pailles, tas de bois, haies, etc. Ne jamais abandonner un feu sans en avoir soigneusement éteint les braises et dispersé les cendres.

OBSERVATION IMPORTANTE

Les indications fournies dans le présent topo-guide (et par le jalonnement) n'engagent en aucune façon la responsabilité de l'auteur ni celle du C.N.S.G.R. Notre comité recevra avec satisfaction toutes les remarques et observations que les usagers voudront bien lui transmettre.

Guerre aux détritus !

LEXIQUE PYRENÉEN

Artigue : pâturage (dans les parties basses arrosées, gagnées par défrichement sur la forêt).

Arrouy, rouy : rouge.

Bat (ou baigt) : vallée

Capéran : aiguille de rocher (gendarme)

Cayolar : cabane de berger, enclos pour le bétail (en basque)

Clot : vallon fermé, cuvette avec ou sans eau, trou.

Coume : vallon étroit et incliné

Courtaou — Coueyla : cabane de berger, enclos pour le bétail (dialecte bigourdan)

Estibe : pâturage de moyenne altitude, fréquenté dès le début de l'été.

Gourg : mare, petit lac, excavation circulaire emplie d'eau, gouffre.

Hourquette : col, passage entre deux vallées françaises (en forme de fourche)

Labasse : dalle lisse

Oule, oulette (diminutif) : bassin, cuvette coupant le cours d'une vallée (étymol. : pot, marmite).

Pas : col, passage plus ou moins difficile

Pene : rocher droit et escarpé, élevé

Peyre : pierre, rocher isolé

Pourtet (diminutif de port) : petit col.

Pla : vallon ou plateau en pente douce

Prat : prairie, pré

Raillère, arrailhère : pente d'éboulis.

Riu : torrent, ruisseau

Serre : crête

Som, Soum : sommet

Tuc : sommet, éminence, monticule

Turon : sommet arrondi

SENTIER DE GRANDE RANDONNÉE DES PYRENÉES G.R. 10

de Larrau (Pyrénées-Atlantiques) à Arrens (Hautes-Pyrénées)

128 km.

Dans la description deux horaires, sont indiqués, le premier dans le sens Larrau-Arrens, le second en sens inverse.

— 30 mn. LARRAU (627 m.)

405 habitants. 2 hôtels ouverts toute l'année : Despouey (10 ch., tél. 2 à Tardets) et Etchemaîté (8 ch., tél. 5 à Tardets), restaurants, tout ravitaillement. Médecin, pharmacie et gendarmerie (tél. 6 à Tardets) à Tardets.

Il n'existe pas de liaisons régulières avec Larrau. Les dessertes les plus proches sont par Tardets (car : 2 A.-R. quotidiens Tardets-Oloron et Mauléon, Cie T.P.R., tél. Pau 27-45-98) et par Mauléon (S.N.C.F. plusieurs trains par jour en provenance de Puyoo, sur la ligne Pau-Paris).

Larrau, village basque est situé à proximité de sites très intéressants : gorges d'Holzarté, pic d'Orhy, forêt d'Iraty.

Quitter le village par la route de Tardets (D. 26), non balisée. La suivre sur 2,5 km, jusqu'au

30 mn — 30 mn — PONT DE LOGIBAR (380 m.)

Après le pont, auberge de Logibaria, repas, ravitaillement partiel.

Quitter la route avant le pont et prendre un sentier à dr. (écriteau G.R. 10). Traverser le gave d'Holzarté sur le pont de la Mouline. Tourner aussitôt à dr. et longer le gave. Le sentier s'élève à flanc de montagne jusqu'à la

45 mm — 45 mn — PASSERELLE D'HOLZARTÉ

Franchir la passerelle pour atteindre la rive g. du ravin d'Olhadubi. Le sentier monte en lacets dans le bois de Holzarté et débouche sur une esplanade qui est l'élargissement d'une corniche dans la forêt. Prendre à g. cette corniche qui se rétrécit vers la fin en coupant deux ruisseaux à gué (2ème gué sur roches humides et glissantes) et conduit au

55 mn — 25 mn — PONT D'OLHADUBI (840 m.)

Traverser le pont et prendre à g. un chemin de transhumance en corniche presque horizontale

25 mn — 35 mn — POINT COTE (855 m.)

Quitter le chemin de transhumance pour prendre à dr.un sentier d'abord parallèle, puis s'élevant plus rapidement.

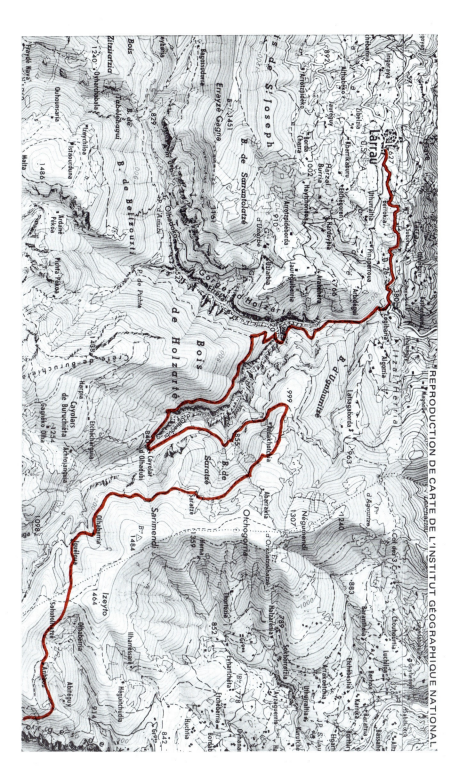

REPRODUCTION DE CARTE DE L'INSTITUT GÉOGRAPHIQUE NATIONAL

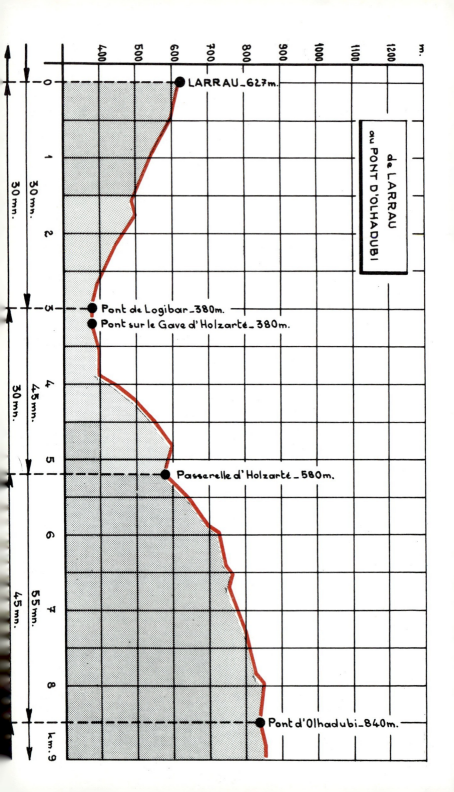

de LARRAU
au PONT D'OLHADUBI

LARRAU _ 627m.

Pont de Logibar _ 380m.
Pont sur le Gave d'Holzarté _ 380m.

Passerelle d'Holzarté _ 580m.

Pont d'Olhadubi _ 840m.

30 mn.
30 mn.
30 mn.
45 mn.
55 mn.
45 mn.

Le sentier se perd en débouchant vers la dr. sur un bassin de pâturages (rocher et arbre isolés). Tourner franchement vers l'E. pour gravir une large crête herbeuse vers un petit piton rocheux. Le sentier devient horizontal, pénètre dans un bosquet et se perd sur une large croupe qu'il faut gravir (quelques rochers vers la fin). Vue sur le village de Larrau. L'itinéraire rejoint le

50 mn – 30 mn – SENTIER DE SARATZÉ (1116 m)

qui aboutit sur la croupe. Le suivre sur le flanc S. de la croupe, puis dans le bois de Saratzé jusqu'au

35 mn – 30 mn – CAYOLAR DE SARATZÉ (1205 m env.)

A proximité du cayolar, l'itinéraire du G.R. 10 rejoint une route carrossable qu'on suit vers la dr. (vers le S.). Vue exceptionnelle sur le pont d'Olhadubi et la passerelle d'Holzarté. On atteint le

30 mn – 25 mn – CAYOLAR D'IGUÉLOUA (1245 m. env).

Quitter la route pour le sentier qui monte vers l'E. Sources, petit ravin sur la dr., puis montée directe dans les fougères jusqu'au

35 mn – 50 mn – COL D'ANHAOU (ANHAOUKO KURATCHÉ – 1383 m)

Col ni dénommé, ni coté sur I.G.N. au 1/50.000, point culminant de cette étape, à proximité de la limite des communes de Larrau et de St-Engrâce. Belle vue sur l'ensemble du cirque et les montagnes de la frontière.

Descendre par des pâturages à flanc, au-dessus des cayolars de Sohotolhatzé, puis suivre l'orée du bois. A la corne E. du bois, se diriger vers une petite arête rocheuse que le sentier contourne par le S. puis descendre par les pâturages jusqu'à une éminence rocheuse où le G.R. 10 rejoint le

40 mn – 35 mn – SENTIER DE KAKOUÉTA (1125 m)

Au bout de l'éminence, belle vue sur les gorges de Kakouéta.

Suivre le sentier, qui vers le S., remonte le gave, le dominant de quelques mètres et franchit à gué deux de ses affluents jusqu'au

20 mn – 25 mn – GAVE DE KAKOUÉTA (952 m).

que l'on passe à gué ; le sentier remonte à l'E., très raide, sa pente diminue et il se perd à la sortie du bois à proximité du

55 mn – 45 mn – CAYOLAR DE LARRÉGORRY (1227 m).

Le sentier se dirige vers le N. en pénétrant dans un bois à flanc de coteau. Après un passage un peu escarpé, il oblique vers l'O. sur une petite crête déboisée vers le S., ce qui offre une belle échappée vers Ourdayté. Le sentier, peu apparent, reprend vers le N. et se retrouve mieux tracé un peu plus loin. A la sortie du bois on arrive au gué sur l'

35 mn – 1 h. 20 – HUTSARTÉKO ERRÉKA (1085 m env.)

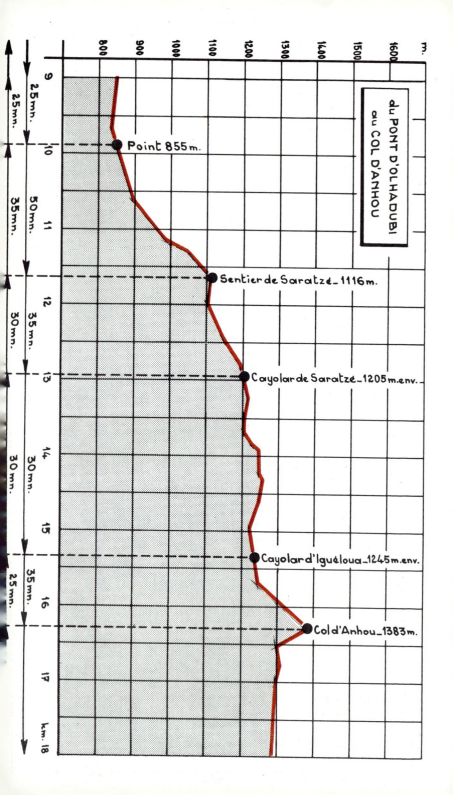

du PONT D'OLHADUBI
au COL D'ANHOU

Point 855 m.

Sentier de Saratzé _ 1116 m.

Cayolar de Saratzé _ 1205 m. env.

Cayolar d'Iguéloua _ 1245 m. env.

Col d'Anhou _ 1383 m.

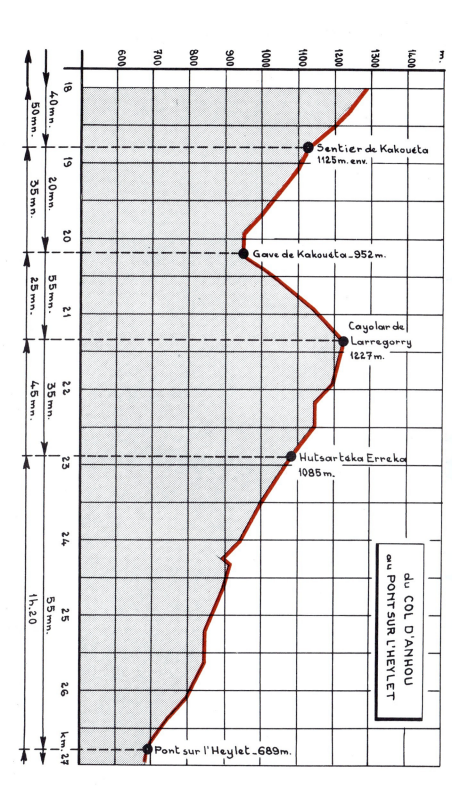

du COL D'ANHOU
au PONT SUR L'HEYLET

Sentier de Kakoueta
1125 m. env.

Gave de Kakoueta _ 952 m.

Cayolar de
Larregorry
1227 m.

Hutsarteka Erreka
1085 m.

Pont sur l'Heylet _ 689 m.

40 mn.
50 mn.
20 mn.
35 mn.
55 mn.
25 mn.
35 mn.
45 mn.
55 mn.
1h.20

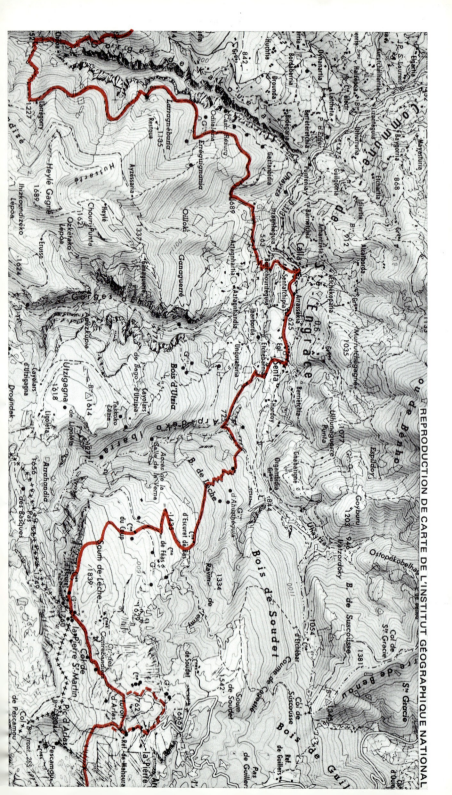

Le sentier descend sur la rive dr. du ravin d'Hutsarté jusqu'à un affleurement rocheux où il se perd. Descendre une croupe recouverte de fougères, sur 100 m. environ, pour retrouver le sentier qui pénètre à dr. sous bois. Après un gué peu important et une clairière, le sentier continue dans le bois puis franchit le Larrandaburu et continuant à flanc de coteau, parvient au

55 mn — 30 mn — PONT SUR L'HEYLET (ERRÉGUIGNANÉKO ZUBIA — (689 m).

Elégant ouvrage de pierre proche d'une bifurcation de chemins.

Laisser à g. le sentier descendant. L'itinéraire sort du bois, traverse dans les fougères puis descend en lacets au

25 mn — 15 mn — PONT DE GASTÉLUGAR (545 m. env.)

Le sentier remonte vers l'O. puis vers le N. pour atteindre la D. 113, au niveau de l'hôtel Hondagneu. Suivre à dr. la route sur 1 km env. jusqu'à l'église de

20 mn — 15 mn — SAINTE-ENGRÂCE (630 m).

527 habitants — 1 hôtel (Relais de la Pierre-St-Martin, 6 ch., tél. 5), 2 restaurants et 7 gîtes ruraux (renseignements à la mairie), tout ravitaillement. Médecin, pharmacie et gendarmerie (tél. 6 à Tardets) à Tardets.

Il n'existe aucune liaison régulière avec Ste-Engrâce. Les dessertes les plus proches sont par Tardets (car : 2 A.R. quotidiens Tardets-Oloron, Cie T.P.R., tél. Pau 27-45-98) et par Mauléon (S.N.C.F. : plusieurs trains par jour en provenance de Puyoo sur la ligne Pau-Paris).

Village basque typique, très étendu, dans un beau site de montagnes. Très belle église du XIème siècle (pèlerinage le jour de la Pentecôte).

Le G.R. 10 part de l'église, descend vers l'E., traverse un ruisseau et s'infléchit vers le S., puis monte vers le S.E. jusqu'à la

15 mn — 20 mn — FERME ZOLAN (585 m. env.)

L'itinéraire monte à flanc de coteau, s'engage dans une gorge, et arrive au bas du

30 mn — 1 h. — RAVIN D'ARPIDIA (ARPIDÉKO IBARRA — 725 m.)

Ce ravin, limite des communes de Ste-Engrâce et d'Arette, était la frontière de la province basque de Soule et du Béarn.

Le G.R. 10 quitte immédiatement le ravin d'Arpidia, s'oriente vers le N., puis le N.-E. et pénètre dans la belle forêt de Lèche (hêtres). Par de larges lacets d'orientation générale S.-E. il atteint la

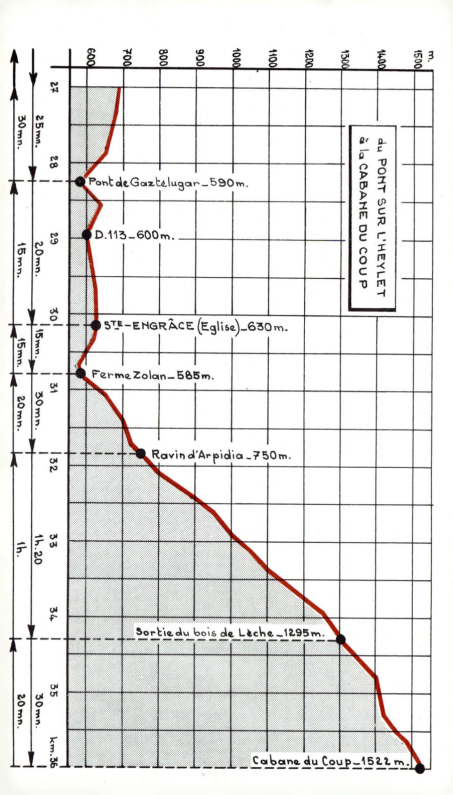

du PONT SUR L'HEYLET à la CABANE DU COUP

Pont de Gaztélugar — 590 m.

D.113 — 600 m.

Ste-ENGRÂCE (Eglise) — 630 m.

Ferme Zolan — 585 m.

Ravin d'Arpidia — 750 m.

Sortie du bois de Lèche — 1295 m.

Cabane du Coup — 1522 m.

1 h 20 – 20 mn – SORTIE DE LA FORÊT

Pâturages parsemés de bruyère

Le sentier monte au flanc du Soum de Lèche et arrive à la

30 mn – 25 mn – CABANE DE COUP (1 522 m)

Belle vue sur la vallée de Ste-Engrâce et sur les montagnes du Pays Basque (pic d'Orhy, Bimbaleta).

Le chemin se dirige vers le S.-O. du piton terminal du Soum de Lèche et arrive au

35 mn – 20 mn – PLATEAU (1780 m)

Zone de parachutage des expéditions spéléologiques du gouffre Lépineux ; cabane de bergers.

Le sentier s'infléchit vers l'E., puis, par le S. du Soum de Lèche, parvient au

20 mn – 30 mn – COL DE LA PIERRE-SAINT-MARTIN (1760 m)

Frontière avec l'Espagne. Vaste panorama sur le massif du pic d'Anie. Junte de Roncal le 13 juillet de chaque année. A proximité, gouffre Lépineux profond de 728 m dont l'exploration, en 1952, a été marquée par la chute mortelle du spéléologue Marcel Loubens.

Le G.R. 10 s'engage sur la route qui contourne le Turon d'Arlas et conduit à la

30 mm. – 20 mm – STATION DE SKI D'ARETTE-LA-PIERRE-St-MARTIN (1650 m)

Très belle station de ski qui comprend un hôtel (le Pic d'Anie, 20 ch., tél. 158 à Oloron), et un restaurant (le Relais de la Pierre-St-Martin) ouverts toute l'année. Médecin et Secours en montagne à Arette (tél. 13 et 9). Gendarmerie à Aramits (tél. 3). Pas de liaison régulière avec Arette (20 km). Taxi (M. Mazeris, tél. 2 à Arette). Vaste panorama sur la plaine de Lacq et sur les pics d'Arlas, d'Anie, de Soumcouy. Point de départ de l'ascension de ces sommets. Spéléologie.

Environ 1200 m après le col de la Pierre-St-Martin, l'itinéraire balisé quitte la route de la station de ski, monte au col de Mahourat (1750 m) et atteint, 300 m env. au S. du refuge de Mahourat, une route qui relie la station de ski au refuge de Pescamou. Le G.R. 10 quitte cette route vers l'E. et après être passé sous le téléphérique d'Arlas, atteint la limite occidentale des

50 mn – 1 h 50 – ARRES DE CAMLONG

Grand plateau calcaire, fissuré et crevassé, très typique. Nombreuses salamandres terrestres les jours de pluie.

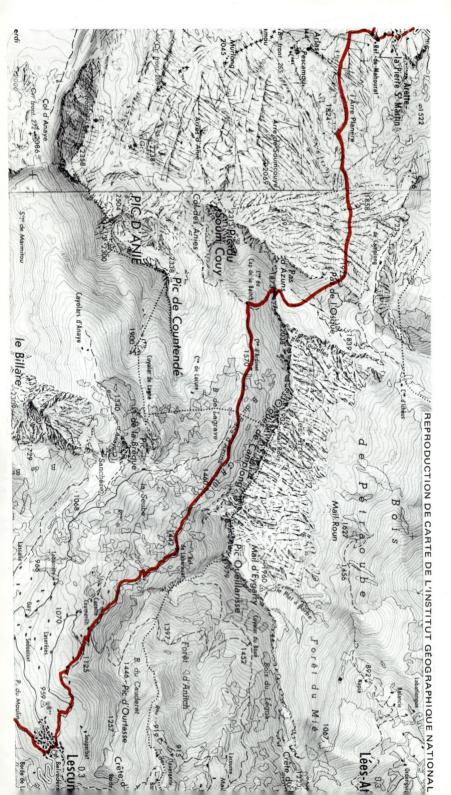

REPRODUCTION DE CARTE DE L'INSTITUT GÉOGRAPHIQUE NATIONAL

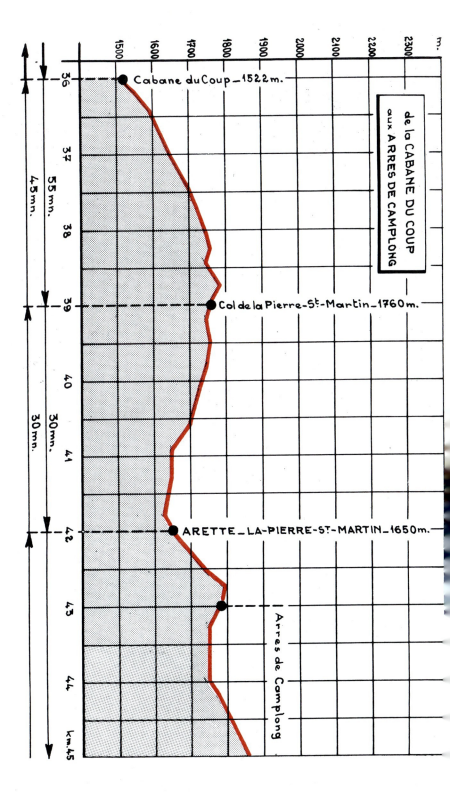

de la CABANE DU COUP
aux ARRES DE CAMPLONG

Cabane du Coup – 1522 m.

Col de la Pierre-St-Martin – 1760 m.

ARETTE – LA-PIERRE-ST-MARTIN – 1650 m.

Arres de Camplong

45 mn.

55 mn.

30 mn.

30 mn.

Le sentier circule parmi la rocaille, suit un défilé et après une brèche atteint un premier col (1930 m) puis un second (1900 m). Très belle vue sur les montagnes de la vallée d'Aspe. Après une brèche, traversée d'un replat de lapiaz. Le sentier domine la pâture de Camplong. Après un raidillon en escalier (névé possible au printemps) on arrive au

1 h 40 — 25 mn — PAS DE L'OSQUE (1922 m)

Permet de franchir l'arête N. du pic de Soumcouy.

Par une sente sur le flanc herbeux vers le S.-E. puis le S. on atteint le

15 mn — 1 h 50 — PAS D'AZUNS (1873 m)

Très belle vue sur la plaine d'Oloron et sur les pics environnants : Soumcouy, Anie, Countendé.

Descente vers les cabanes d'Azuns (du Cap de la Baitch — 1689 m sur I.G.N.) — Point d'eau, cristaux de roche et point de départ du sentier qui conduit au Pic d'Anie. Prendre en pente douce vers l'E. pour traverser le bois du Braca d'Azuns (hêtres). A la sortie du bois, belle vue au S. sur le pic Billaré et le plateau de Sanchèze. Descente jusqu'au

1 h 10 — 1 h 30 — REFUGE DE LABÉROUAT (1 442 m)

Propriété des Œuvres Laïques des Pyrénées-Atlantiques — 40 places, tél. 9 à Lescun. Ouvert aux excursionnistes. Repas, hébergement. Très vaste panorama.

Descente par piste « jeepable » avec de nombreux raccourcis jusqu'à

55 mn — 40 mn — LESCUN (900 m)

313 habitants. Hôtel du Pic d'Anie, 30 ch., tél. 4. Restaurants, camping possible. Tout ravitaillement. Médecin, pharmacie et secours en montagne (Tél. 5) à Bedous.

Très beau site : cirque grandiose de pics calcaires. Point de départ de nombreuses excursions (lac de Lhurs) et ascensions (Table des Trois Rois, aiguilles d'Ansabère)

> *Il n'existe pas de liaison régulière directe avec Lescun. La S.N.C.F. permet d'accéder à Bedous (12 km) sur la ligne Pau-Canfranc. Taxi à Bedous (garage Leprêtre). On peut également descendre à la gare S.N.C.F. de Lescun-Cette-Eygun (service restreint), qui se trouve à seulement 6 km de la localité de Lescun.*

Sur la place de la Mairie, à dr. du monument aux morts, prendre une rue, puis une route goudronnée qui descendent jusqu'au nouveau pont du Moulin (812 m) qui permet de franchir le Gave de Lescun. Sur la rive dr. prendre le raccourci de la route qui monte raide dans les bois et aboutit à un large chemin empierré. Le chemin pris à g., pratiquement de niveau amène à la ferme

1 h — 50 mn — LESTREMEAU (1021 m)

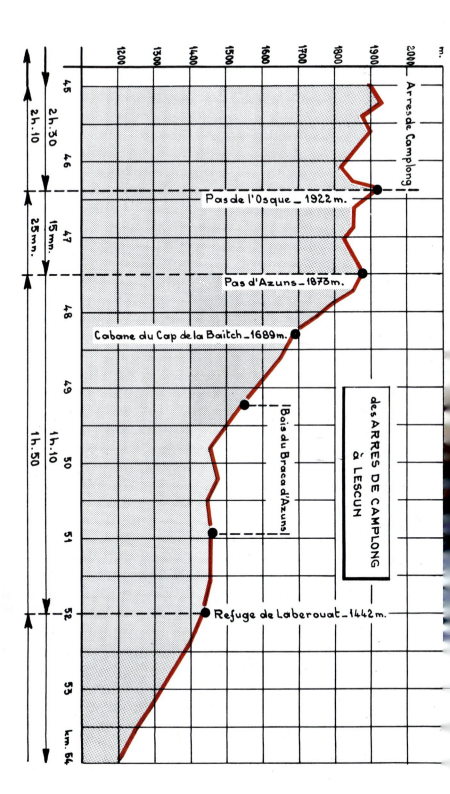

des ARRES DE CAMPLONG
— à LESCUN —

Arres de Camplong
Pas de l'Osque _ 1922 m.
Pas d'Azuns _ 1873 m.
Cabane du Cap de la Baïtch _ 1689 m.
Bois du Braca d'Azuns
Refuge de Laberouat _ 1442 m.

Très belle vue sur le cirque de Lescun et la vallée d'Aspe. Source, possibilité de camper. Ferme habitée l'été.

Traverser la ferme et franchir le ruisseau de Brennère. Prendre à g. le sentier (N.-E.) qui traverse une belle forêt de hêtres et contourne l'éperon séparant les vallées de Brennère et de Lhers. A la sortie de la forêt, le sentier horizontal longe en le dominant le plateau de Lhers dont on remarquera le réseau d'irrigation. Descendre sur la g. et traverser le ruisseau le Labadie à l'extrémité S. du hameau de

45 mn — 1 h — LHERS (997 m)

Groupe de fermes habitées toute l'année. Chapelle du XVIIIème siècle (messe le vendredi). Ravitaillement possible dans les fermes. Bons emplacements de campement le long du Labadie, en amont de Lhers.

Hors G.R.

La route que croise le G.R. 10 conduit en direction S. à une piste pastorale qui mène au col de Saoubathou d'où un sentier créé par le parc national permet :
— vers le S.-E. de gagner le lac d'Arlet et de redescendre sur les Forges d'Abel sur la N. 134 sous le col du Somport.
— vers le N.-O. de gagner le col de Pau et de redescendre sur Lescun.

Traverser la route goudronnée. Monter par les prés jusqu'à une nouvelle piste forestière qui à g. redescend vers le hameau de Lhers. Remonter cette piste pendant 20 mn. environ et la quitter par la g. pour un sentier bien tracé, en lacets. On passe alternativement dans les bois et les découverts (myrtilles). Très belles vues sur le cirque de Lescun. C'est en forêt par une montée raide que l'on atteint le

1 h 30 — 1 h — COL DE BARRANCQ (1601 m)

Col boisé sans vue. Il est très recommandé de suivre la crête à dr. sur 200 m. A la sortie du bois, panorama splendide sur la vallée d'Aspe, le massif du Sesques, le pic du Midi d'Ossau.

Hors G.R.

A g., en 1 h., un sentier non balisé conduit à un sommet dégagé occupé par un relais de télévision. Panorama de toute beauté sur le cirque de Lescun, le Sesques, le pic du Midi d'Ossau.

Descendre sur le versant E. du col. Sentier en lacets dans la forêt, que l'on quitte avant d'atteindre la

30 mn — 2 h 20 mn — CABANE D'UDAPET-DE-HAUT (1515 m)

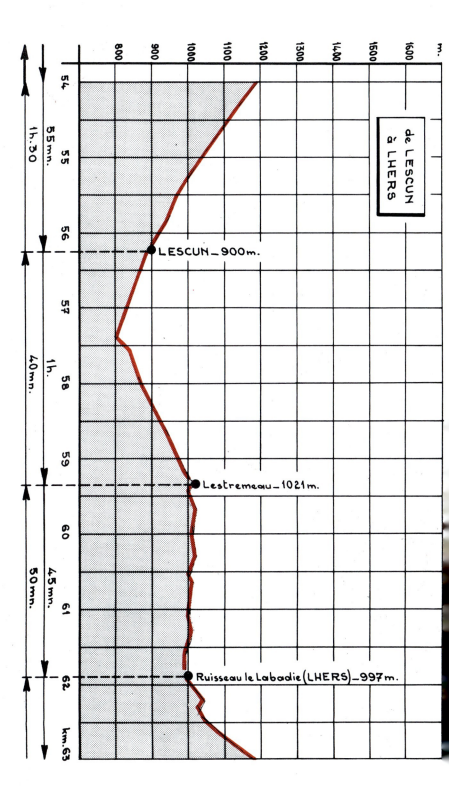

de LESCUN
à LHERS

LESCUN — 900 m.

Lestremeau — 1021 m.

Ruisseau le Labadie (LHERS) — 997 m.

1 h. 30 mn.

1 h. 40 mn.

45 mn.

50 mn.

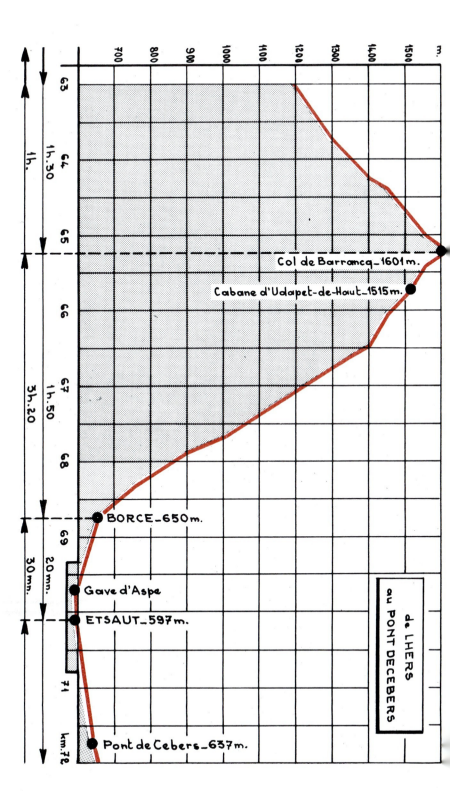

de LHERS
au PONT DE CEBERS

Col de Barrancq _ 1601 m.
Cabane d'Udapet-de-Haut _ 1515 m.
BORCE _ 650 m.
Gave d'Aspe
ETSAUT _ 597 m.
Pont de Cebers _ 637 m.

Beau site pastoral dominé par une muraille calcaire. Excellente source à proximité. Gentianes jaunes et myrtilles.

Descendre direction S.-S.-E. ; franchir des ruisseaux, passer entre des blocs de roches. Avant d'atteindre la cabane d'Udapet-de-bas, prendre à g., sous les couverts, les lacets bien tracés qui permettent de sortir de la forêt. Beau panorama sur la vallée d'Aspe, le massif de Sesques et les villages de Borce et Etsaut que l'on domine presque à la verticale. Continuer par de larges lacets dans les fougères sur la rive g. du thalweg. On atteint un chemin horizontal que l'on quitte à dr. pour traverser le torrent et arriver à la ferme Soulé (source). Atteindre par une prairie le chemin pavé de Belonce qui conduit à

1 h 20 — 30 mn — BORCE (650 m)

258 habitants. Possibilité de logement chez l'habitant. Ravitaillement (épicerie).

Village pittoresque dominant le Gave d'Aspe. Maisons des XVème et XVIème siècles.

Tourner à g. et prendre la route descendant à la N. 134 que l'on remonte à dr. jusqu'à

20 mn — 40 mn — ETSAUT (597 m)

141 habitants. Hôtel Pyrénées, 25 ch. tél. 2 ; possibilité de logement chez l'habitant. Tout ravitaillement. Médecin, pharmacien à Bedous. Secours en montagne à la gendarmerie d'Urdos (tél. 1).

Une « porte » (centre d'accueil et d'information) du Parc National des Pyrénées Occidentale sera réalisée à Etsaut.

On accède directement à Etsaut par la S.N.C.F. (ligne Pau-Canfranc, en correspondance avec la ligne Paris-Pau. Suspension provisoire du trafic ferroviaire sur la ligne, à la suite de la rupture d'un pont, mais service S.N.C.F. assuré par autocar jusqu'à nouvel avis. Taxi au garage Leprêtre à Bedous (tél. 6)

Prendre la N. 134 vers l'Espagne sur 1 800 m env. jusqu'au pont de Cebers (637 m). Ne pas traverser le pont mais continuer la rive dr. du Gave d'Aspe sur un chemin muletier qui, ancienne sortie du chemin de la Mâture s'élève graduellement parmi les pâturages jusqu'à un éperon rocheux qu'il contourne, il devient alors le véritable

50 mn — 40 mn — CHEMIN DE LA MÂTURE

Site étonnant, le chemin de la Mâture, entièrement artificiel a été creusé dans une paroi calcaire lisse et verticale, à l'époque de la marine à voile (XVIIIème siècle) pour servir au débardage des troncs d'arbres abattus plus haut et destinés à devenir des mâts de navire. Il domine la gorge d'Enfer, très encaissée, au fond de laquelle gronde le Sescoué. Sur l'autre versant, surplombant de 150 m le gave, se dresse le fort désaffecté du Portalet (XIXème siècle) rendu célèbre par ses prisonniers politiques de tous les régimes.

Après quelques centaines de mètres, le chemin revient à ciel libre et, parfois vertigineux quoique large et bien tracé, suit une montée assez raide. Il contourne une croupe rocheuse et débouche sur un promontoire qui s'élargit pour former le

1 h — 1 h 20 — PLATEAU DE LA BAIGT DE ST-COURS

La tradition préfère l'orthographe de Baigt-Sencours

A l'extrémité du plateau le chemin de la Mâture passe sur la rive g. du gave (pont démoli) et se perd dans la forêt. Rester sur la rive dr. et prendre vers la g. un sentier raide qui rejoint le chemin d'accès de deux métairies (Borde de Rouglan et Borde de Passette) habitées l'été. Après la seconde ferme, passer dans des bois clairsemés et continuer de suivre la rive dr. du gave jusqu'à la

1 h 50 — 1 h 20 — CABANE DE LA BAIGT DE ST-COURS (1560 m)

La cabane marque l'entrée du G.R. 10 dans le Parc National des Pyrénées Occidentales. Habitée l'été par des vachers d'Etsaut, elle est située à l'origine d'un cirque que dominent à l'E. et au S. les pics d'Aule, d'Ayous, et de la Hourquette de Larry. Au N. la silhouette imposante du pic de Sesques et du Capéran de Sesques.

Le cheminement, actuellement mal tracé, mais qui sera remplacé au cours de l'été 1971, par un sentier du parc national, suit la rive dr. du gave, puis la rive g. Montée progressive dans les pâtures vers le S. en laissant à g. la falaise rocheuse qui marque le fond du cirque. On arrive ainsi au

2 h — 10 mn — COL DE LARRY (2130 m env.)

Ne pas confondre avec la Hourquette de Larry, située 700 m. au N.-O. du col de Larry. Le col de Larry n'est ni désigné, ni côté sur les cartes I.G.N.

Au col, le G.R. 10 rejoint le sentier du parc national en provenance de Peyrenère (route du Somport)

Emprunter vers l'E. le sentier qui, après une légère montée, aboutit au

10 mn — 40 mn — COL D'AYOUS (2185 m env.)

A l'arrivée au col, vue saisissante sur le pic du Midi d'Ossau dont la pyramide granitique emplit d'un seul coup l'horizon. En contrebas du col, le splendide cirque lacustre d'Ayous.

Hors G.R.

Ascension facile, très recommandée, en 30 mn. du pic d'Ayous (2288 m)

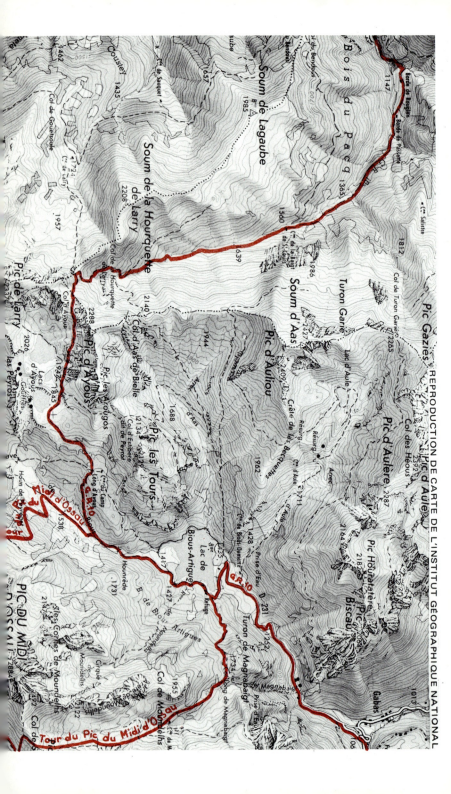

REPRODUCTION DE CARTE DE L'INSTITUT GÉOGRAPHIQUE NATIONAL

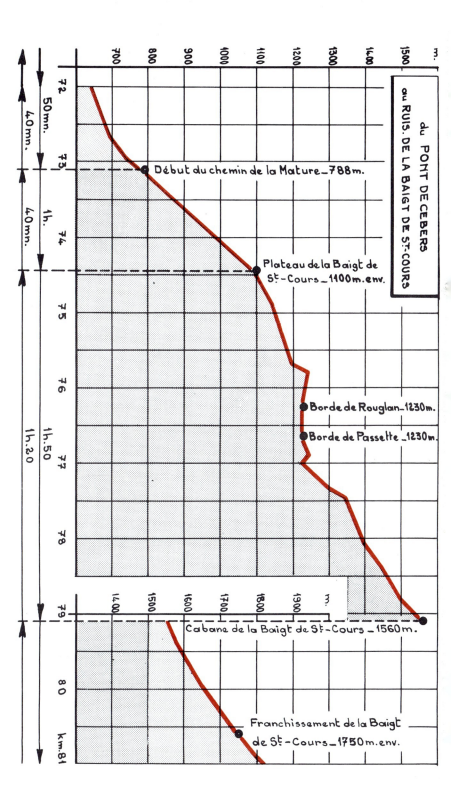

du PONT DE CEBERS
au RUIS. DE LA BAIGT DE St-COURS

Début du chemin de la Mature _ 788m.

Plateau de la Baigt de St-Cours _ 1100m. env.

Borde de Rouglan _ 1230m.

Borde de Passette _ 1230m.

Cabane de la Baigt de St-Cours _ 1560m.

Franchissement de la Baigt de St-Cours _ 1750m. env.

50mn.
40mn.
40mn.
1h.
1h.50
1h.20

Descendre par un bon sentier vers le

20 mn — 30 mn — LAC DU MIEY (1947 m)

Troisième lac d'Ayous où l'Ossau se reflète en entier.

A 300 m., à la pointe O. du lac, s'élève le refuge d'Ayous du Parc National des Pyrénées Occidentales, réalisé en 1970. Gardé l'été — 28 places — en hiver demander la clé chez le Chef de secteur du P.N. à Gabas.

Le sentier longe le lac du Miey à une centaine de mètres de sa berge N., arrive à proximité du 2ème lac et continue sur la rive g. du déversoir de ces deux lacs.

Hors G.R.

Il est recommandé de franchir le déversoir et de gravir le ressaut situé au S.-E. Très belle vue sur le lac Roumassot et sur l'Ossau.

Descente en lacets le long du déversoir en cascade et arrivée au

20 mn — 1 h — LAC ROUMASSOT (1845 m)

Le sentier descend par les pâturages jusqu'à un bois ; la descente se poursuit en lacets jusqu'à la

45 mn — 40 mn — PLAINE DE BIOUS (1560 m)

Prendre vers le N.-E. le chemin muletier dans le bois à proximité du Gave de Bious. Franchir le gave sur un pont de béton. On passe près d'une source, très fraîche en toute saison. La descente se poursuit avec vue sur le lac de Bious-Artigues que l'on atteint.

35 mn — 1 h 15 — LAC DE BIOUS-ARTIGUES (1417 m)

Lac artificiel créé par l'E.D.F.. Sur la berge E., chalet du club Pyrénéa Sports de 30 places (tél. 12 à Gabas). Ravitaillement partiel, repas et rafraîchissements à la cantine proche du chalet. Une porte du parc national sera réalisée ici en 1971.

Point de départ et d'arrivée du Tour du Pic du Midi d'Ossau (voir description à partir de la p. 53).

Prendre la D. 231 (limite du Parc national) qui en 4 km conduit au carrefour avec la N. 134 bis.

A proximité du carrefour s'élève un gite d'étape du G.R. 10 réalisé en 1970 par l'Association des Montagnards Pyrénéens. Ouvert toute l'année, 40 places, repas, ravitaillement partiel, tarifs des refuges de montagne. Tél. 4 à Gabas.

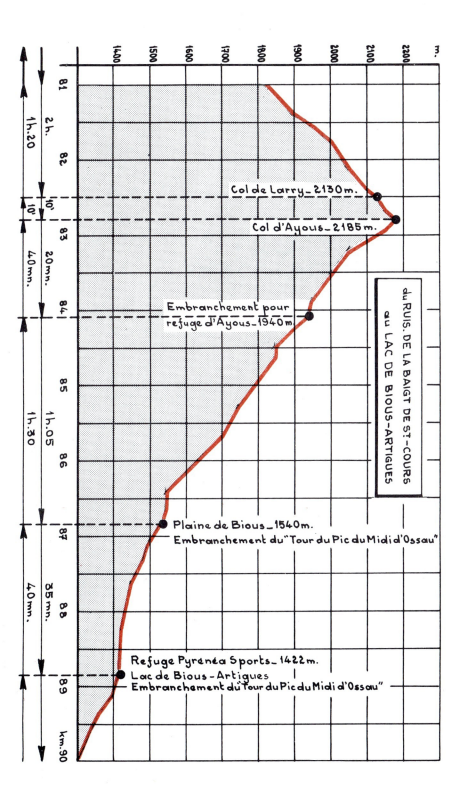

du RUIS. DE LA BAIGT DE Sᵗ-COURS
au LAC DE BIOUS-ARTIGUES

Col de Larry _ 2130 m.

Col d'Ayous _ 2185 m.

Embranchement pour
refuge d'Ayous _ 1940 m.

Plaine de Bious _ 1540 m.
Embranchement du "Tour du Pic du Midi d'Ossau"

Refuge Pyrénéa Sports _ 1422 m.
Lac de Bious-Artigues
Embranchement du "Tour du Pic du Midi d'Ossau"

Un raccourci conduit en 5 mn à

1 h — 15 mn — GABAS (1027 m)

40 habitants, plusieurs hôtels (Pyrénées, tél. 1, Vignau, tél. 6, Laborde, tél. 7). Médecin, pharmacie et tout ravitaillement à Laruns. Secours en montagne (tél. 6 à Laruns).

Chapelle historique du XIIème siècle. Gabas est un centre d'excursions remarquables : Ossau, Arrémoulit, Arriel par les refuges C.A.F. de Pombie et d'Arrémoulit.

Il n'existe pas de liaison régulière avec Laruns (12 km.) où l'on accède par les cars de la Cie CITRAM-Pyrénées (tél. Pau 27-30-88) qui font avec Pau deux ou trois A.R. quotidiens selon les saisons.

Prendre la N. 134 bis en direction de l'Espagne (quelques raccourcis) sur 1600 m jusqu'à l'

20 mn — 50 mn — USINE HYDRO-ÉLECTRIQUE DES ALHAS (1135 m)

Hors G.R.

Gare de départ du téléphérique de la Sagette (900 m de dénivellation), suivi par la voie ferrée touristique de 10 km. de parcours menant à flanc de montagne, à la splendide région lacustre Artouste-Arrémoulit — Refuge C.A.F., station de ski d'Artouste

---

A 50 m en aval du barrage, franchir le Gave de Brousset par le pont des Alhas. Le sentier revient vers l'O. presque de niveau puis monte en quelques lacets dominant Gabas. Il pénètre dans la forêt de Piet et il se dirige vers le N. avec de légères dénivellations.

1 h 10 — 20 mn — CARREFOUR DE PIET (1092 m)

Deux plaques du C.A.F.

Hors G.R.

A g., descente directe, non balisée, vers le pont de Hourcq et la N. 134 bis.

Prendre à dr. le sentier de service créé lors de la construction du canal souterrain Alhas-Miègebat qui devient une corniche vertigineuse, maintenant équipée d'une main courante. Taillé dans une falaise granitique, le sentier domine la gorge du Soussouéou. Ensuite traverser la forêt de Herrana (très beaux hêtres et sapins).

20 mn — 10 mn — PRISE D'EAU DU SOUSSOUÉOU (1110 m)

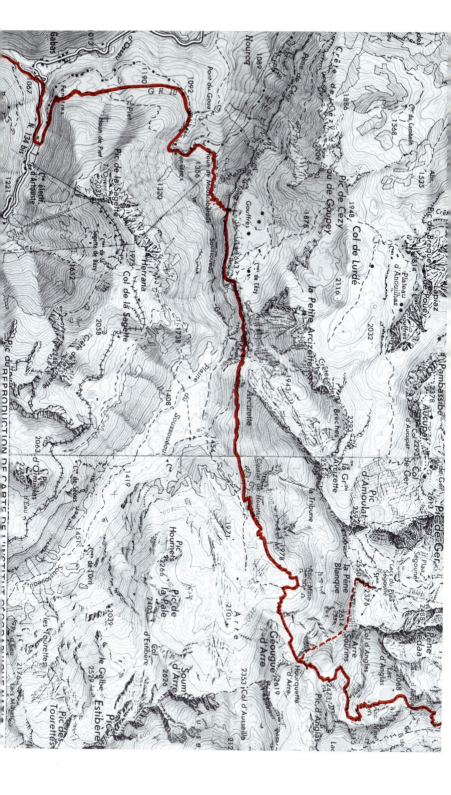

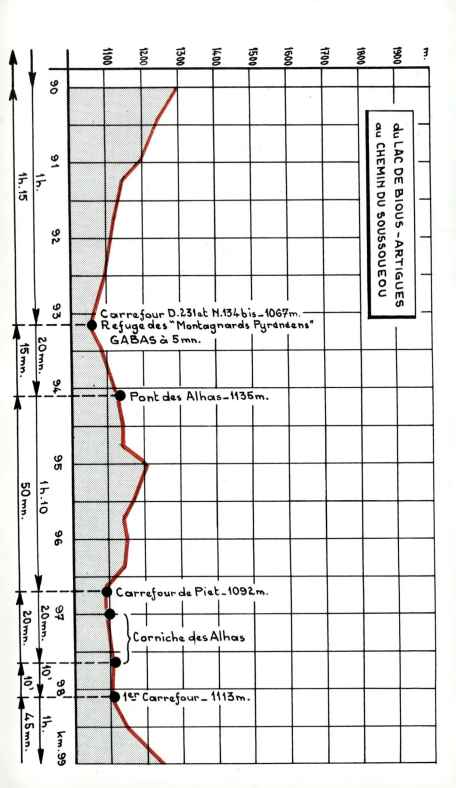

du LAC DE BIOUS - ARTIGUES
au CHEMIN DU SOUSSOUEOU

Carrefour D.231 et N.134 bis _ 1067m.
Refuge des "Montagnards Pyrénéens"
GABAS à 5mn.

Pont des Alhas _ 1135m.

Carrefour de Piet _ 1092m.

Corniche des Alhas

1er Carrefour _ 1113m.

Pont en ciment sur le gave.

Passer sur la rive dr. du Soussouéou. Le sentier serpente sous les grands arbres jusqu'au

10 mn — 45 mn — PREMIER CARREFOUR DU CHEMIN DE SOUS-SOUÉOU (1113 m)

Carrefour marqué par deux plaques C.A.F. dont une brisée et reconstituée

---

Hors G.R.

A g., un sentier non balisé, descend vers le pont de Hourcq et la N. 134 bis.

Prendre à dr. le chemin dit de Soussouéou. Traverser un plateau presque horizontal parsemé de bosquets. Le sentier monte ensuite le flanc de Cézy en lacets assez raides sous les arbres, passe à la clairière et à la source de Mouscabarous (1156 m) et arrive au

1 h — 15 mn — DEUXIÈME CARREFOUR DU CHEMIN DE SOUSSOUÉOU (1345 m env.)

Laisser à dr. le chemin qui monte vers la plaine de Soussouéou et prendre à g. vers la falaise de la Tume. Lacets très raides jusqu'à la sortie de la forêt. Le sentier longe la base d'une falaise calcaire pour atteindre le

30 mn — 15 mn — CHEMIN HORIZONTAL DE L'ANCIENNE MINE DE CUIVRE

Très belle vue à l'O. sur les falaises abruptes du Cézy toutes proches et à l'horizon sur le massif de Sesques.

Prendre, à dr., vers l'E., le chemin horizontal, large et bien tracé qui, 300 m. plus loin, passe à proximité des

15 mn — 1 h 45 — CABANES DU CÉZY (1630 m)

Cabanes habitées l'été par des bergers. Très beau site pastoral. Au S. à 200 m, en contrebas, la plaine de Soussouéou. A l'horizon, au S.-E., les pics de Palas et d'Arriel.

Le chemin continue en pente douce et régulière, atteint en quelques lacets le Cujalat de Hourtanet et oblique vers le N.-E. en direction d'une ancienne mine de fer (2099 m). L'itinéraire continue vers le S., en pente douce, avant de s'orienter vers l'E. par une suite de lacets sur une pente herbeuse puis dans un ravin de rocaille rouge. Après une forte montée on arrive à la

2 h 50 — 1 h 30 — HOURQUETTE D'ARRE (2465 m)

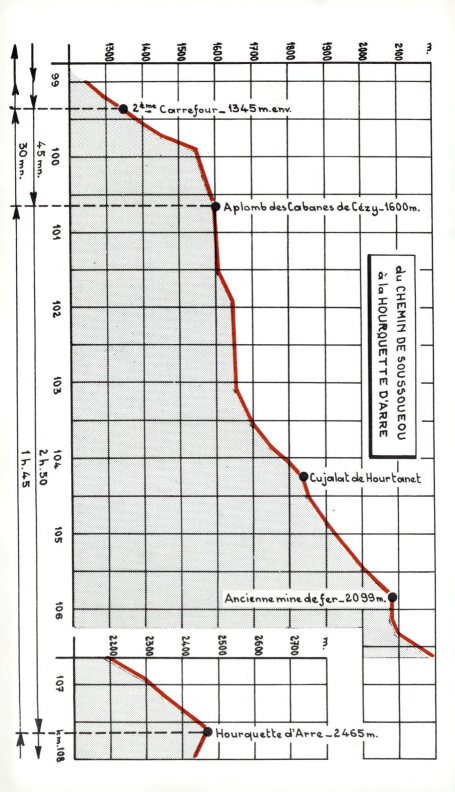

PROFIL du CHEMIN DE SOUSSOUÉOU à la HOURQUETTE D'ARRE

2ème Carrefour _ 1345 m. env.

Aplomb des Cabanes de Cézy _ 1600 m.

Cujalat de Hourtanet

Ancienne mine de fer _ 2099 m.

Hourquette d'Arre _ 2465 m.

30 mn.

45 mn.

2 h.50

1 h.45

Panorama vers l'O.-S.-O. (Amoulat, Arcizette, Sesques, Ossau).

LIAISON AVEC GOURETTE PAR LE TÉLÉVOITURE DE LA PÈNE BLANQUE

Un chemin, balisé en 1970 aux couleurs des Sentiers G.R., permet de rallier Gourette en suivant l'arête de l'Arre Sourins (2614 m) qui par la Pène Blanque (2550 m) aboutit à la station supérieure du télévoiture de Gourette (2376 m). Immense panorama. Attention ! cet itinéraire qui suit une crête escarpée au-dessus de 2 500 m ne doit être emprunté que par beau temps. Se renseigner sur les horaires du télévoiture (tél. 16 à Gourette).

De la station supérieure, ascension conseillée du pic de Ger (2614 m) Piolet utile, course pour montagnards entraînés. Balises vert-orange. 3 h aller-retour.

A 200 m, au N. du col, le sentier passe devant une cabane de chasseurs qui peut servir d'abri. Traverser la vallée qui descend au lac de Lavedan, (ne figure pas sur I.G.N. au 1/50 000) puis un plateau herbeux entre l'Arre-Sourins et le pic d'Anglas. Par de longs lacets de plus en plus serrés dans la rocaille qui descendent la pente raide on atteint les ruines des bâtiments de l'ancienne mine de fer proche du

1 h − 2 h − LAC D'ANGLAS (2068 m).

Hors G.R.

Quelques centaines de mètres avant le lac, excursion en 2 h (A.R.) au col d'Uzious (2 236 m) par les lacs d'Uzious (2 115 m) et du Lavedan (2 179 m). Balises bleu et orange.

Le sentier longe la berge E. du lac, traverse à gué son déversoir et descend en lacets raides vers le gave du Valentin.

Belle vue sur l'arête du Sarrière au N. et sur la Latte de Bazen au N.-E.

Le sentier descend en pente douce dans les pâturages, passe sous le télénacelle des Crêtets. Fin du balisage au bâtiment du télésiège « le Fil-Neige » à 200 m de

1 h 20 − 50 mn − GOURETTE (1346 m)

Nombreux hôtels, terrain de camping, tout ravitaillement, secours en montagne au bureau des guides. Médecin et pharmacie à Laruns (12 km)

Station réputée de sports d'hiver et d'été (Pic de Ger, Latte de Bazen, Sanctus...)

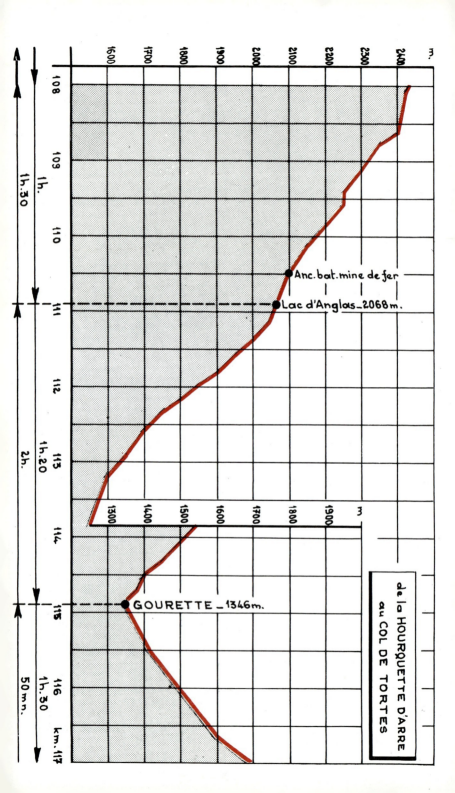

de la HOURQUETTE D'ARRE
au COL DE TORTES

Anc. bat. mine de fer

Lac d'Anglas – 2068 m.

GOURETTE – 1346 m.

On peut accéder à Gourette par cars venant de Pau et effectuant, selon la saison, deux ou trois A.R. quotidiens (Cie CITRAM-Pyrénées, tél. Pau 27-30-38).

Remonter la N. 618, en direction du col d'Aubisque sur 300 m environ à partir des dernières maisons. Le sentier part à dr. dans un bois de grands sapins, et contourne deux chalets. Montée raide (source captée) jusqu'à un plateau herbeux en pente douce.

Belle vue sur les pics dominant Gourette au S.-O. (Ger, Pène-Médaa, Sarrière)

Après un cheminement presque horizontal vers le S.-O., le sentier entre dans un chaos de rocaille. Ensuite, montée dans l'herbe jusqu'au

1 h 30 — 1 h 30 — COL DE TORTES (1799 m)

Le col est dominé au N. par l'aiguille Caperan de Tortes (1896 m). Belle vue, à l'O. sur la vallée d'Ossau, au N. et au N.-E. sur le mont Laid, le Bazès, le Navaillo.

Hors G.R.

Du col, part le chemin vers la Latte de Bazen (2 472 m). Ascension recommandée mais à effectuer avec un guide.

Le sentier descend régulièrement dans les herbages, puis tourne vers la dr. et suit une crête parsemée de rochers, pour aboutir à 250 m de la maison des Ponts-et-Chaussées d'Arbaze sur la

40 mn — 1 h — ROUTE NATIONALE 618 DITE D'AUBISQUE (1390 m)

La prendre à dr. ; on passe dans 2 tunnels. A 2,5 km environ, on entre dans les Hautes-Pyrénées.

Vue grandiose sur le Gabizos au S.-O.

A 3 km environ, l'itinéraire quitte la route vers la dr. et par une pente assez raide, gagne le

1 h 15 — 2 h 30 — COL DE SAUCÈDE (1525 m)

Prendre le sentier qui part à g. et le quitter presque aussitôt pour passer à dr. d'une cabane en ruine, suivre la rive g. du gave de Laün. Passer sur la rive dr. en aval d'une autre cabane en ruines, monter vers des escarpements rocheux, traverser des balcons herbeux. Laisser à dr. un petit vallon marécageux et suivre un éperon qui va en se rétrécissant et dont l'extrémité est dégarnie d'herbe par suite du piétinement des bêtes qui s'y rassemblent par temps orageux. Belle vue sur la vallée. Descendre sur la dr. jusqu'au ruisseau que l'on suit rive g. Le traverser à hauteur des premiers arbres où se trouve le départ d'un sentier bien tracé sur la rive dr. Suivre le sentier qui devient un chemin muletier pour atteindre la

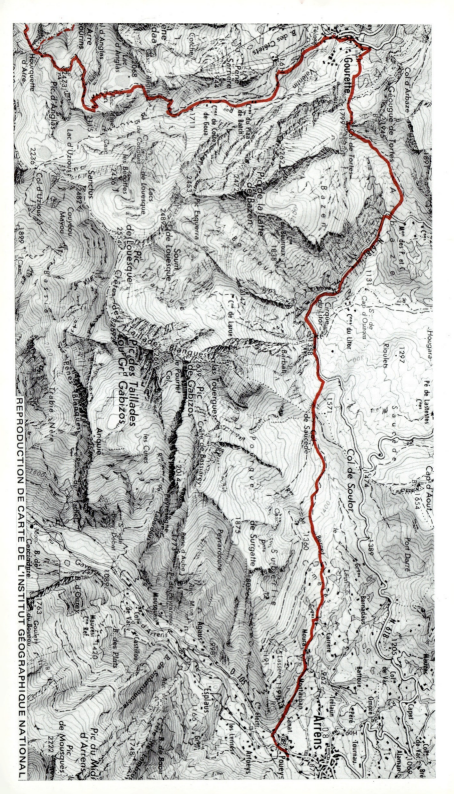

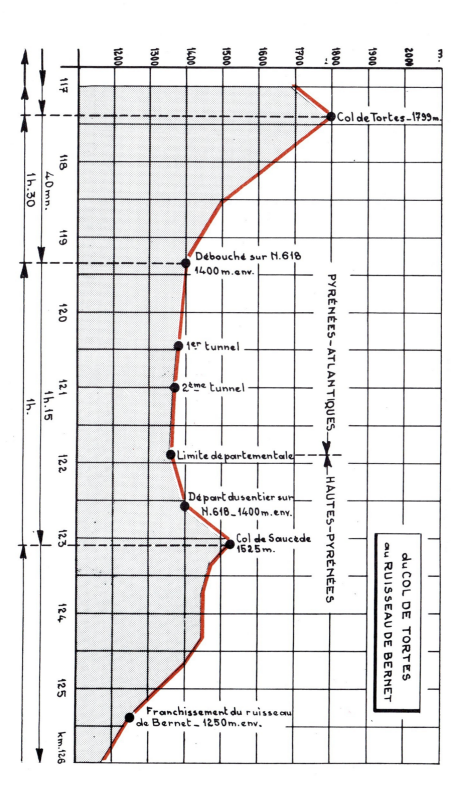

du COL DE TORTES
au RUISSEAU DE BERNET

Col de Tortes – 1799 m.

Débouché sur N.618 1400 m. env.

1er tunnel

2ème tunnel

Limite départementale

Départ du sentier sur N.618 – 1400 m. env.

Col de Saucède 1525 m.

Franchissement du ruisseau de Bernet – 1250 m. env.

PYRÉNÉES-ATLANTIQUES — HAUTES-PYRÉNÉES

1h.30

40 mn.

1h.15

1h.

1 h 30 — 10 mn — ROUTE DEPARTEMENTALE D. 105 (925 m env.)

Arrivé à la route, tourner à g. vers le village d'Arrens. A 150 m environ, laisser à g. le chemin qui conduit au sanatorium Jean-Thébaud contigu à la chapelle de Pouey-Laün.

Cette chapelle dite « chapelle dorée » est remarquable par la richesse de son ornementation et la profusion des ors ainsi que par son sol taillé dans le rocher.

En continuant la D. 105 on atteint bientôt à dr. l'embranchement de la route de l'usine électrique : on est à l'entrée d'

10 mn — ARRENS (878 m)

773 habitants, joli village montagnard au pied du col de Soulor et au débouché de la vallée d'Azun fermée par le prestigieux massif du Balaïtous (3145 m)

Hôtels, tout ravitaillement, terrains de camping, syndicat d'initiative, école d'escalade. Eglise du XVème siècle avec murs crénelés.

> *On accède à Arrens par les services d'autocars de la S.A.L.T. à Tarbes (tél. 93-36-69) qui assurent les correspondances avec la S.N.C.F. à Argelès-Gazost ou à Lourdes*

Parvenu à Arrens, le randonneur fera jonction avec le tronçon suivant du G.R. 10 qui, d'une longueur de 269 km., lui permettra d'accéder à Lascoux (Ariège) par Cauterets, Gavarnie, Luz-St-Sauveur, Barèges, le Néouvielle, St-Lary, Bagnères-de-Luchon et Fos.

La description de cet itinéraire fait l'objet du topo-guide du Sentier des Pyrénées G.R. 10. Tronçon des Hautes-Pyrénées, de la Haute-Garonne et de l'Ariège (0), dont la 2ème édition a été publiée en juin 1970 par le C.N.S.G.R.

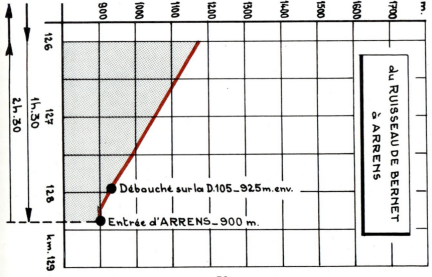

TOUR DU PIC DU MIDI D'OSSAU

Le Tour du Pic du Midi d'Ossau constitue une variante du Sentier de Grande Randonnée G.R. 10, tronçon du Béarn — étape Etsaut-Gabas — dont il emprunte le tracé sur environ 2 km.

Itinéraire de moyenne montagne, puisqu'il culmine à 2 194 m au col de l'Iou et à 2 127 m au col de Suzon. Le Tour de l'Ossau est, en hiver, une grande classique du « ski sans trace » qui, de Gabas à Gabas, demande une dizaine d'heures à un skieur entraîné. L'itinéraire à d'ailleurs rang d'épreuve pour l'obtention du brevet de skieur-randonneur.

Mais, été comme hiver, la raison essentielle de ce circuit est la connaissance sous tous ses angles du massif de l'Ossau qui élève d'un seul jet sa double pointe de porphyre au-dessus de deux profondes vallées. Le Tour du Pic du Mici d'Ossau se déroule entièrement sur de hauts plateaux ou dans de larges vallons et pendant la meilleure partie du trajet, la masse rocheuse du Grand Pic (2 884 m) et du Petit Pic (2 807 m), est visible sans l'écran de contreforts ou de chaînons intermédiaires.

Un autre plaisir attend l'excursionniste : le massif est entièrement compris dans le Parc National des Pyrénées Occidentales qui enserre la Réserve intégrale de l'Ossau où la chasse est en toute saison interdite : plusieurs centaines d'isards y vivent, conscients de la sécurité dont ils bénéficient et il n'est pas de sortie sur les flancs de l'Ossau où l'on n'ait l'occasion de suivre des yeux l'étonnante galopade des hardes.

En raison des altitudes atteintes, le Tour du Pic du Midi d'Ossau ne peut se faire que de juin à fin octobre, en fonction de l'enneigement. Il peut être parcouru en une longue étape (huit heures). La présence du refuge C.A.F. de Pombie permet, cependant, de couper la course en deux parties égales ou, tout au moins, de se restaurer et de se ravitailler.

Un premier balisage du Tour du Midi d'Ossau avait été effectué en 1966 selon un tracé par endroits assez rude et qui, notamment, franchissait le col de Peyreget (2 322 m). Depuis lors, le parc national a entrepris la création d'un sentier qui permet le même circuit, mais en contournant par l'E. (col d'Iou), le pic Peyreget, ce qui offre un beau panorama sur le cirque d'Anéou et les montagnes de la frontière espagnole. Cet itinéraire, qui sera totalement achevé au cours de l'été 1971, a, bien entendu, été adopté par le G.R. 10. Les randonneurs peuvent cependant, à partir du lac de Peyreget (2 074 m), rallier directement le refuge de Pombie par le col de Peyreget (2 322 m), d'où ils bénéficieront d'une vue magnifique qu'ils pourront élargir en s'élevant au flanc du pic de Peyreget (2 487 m).

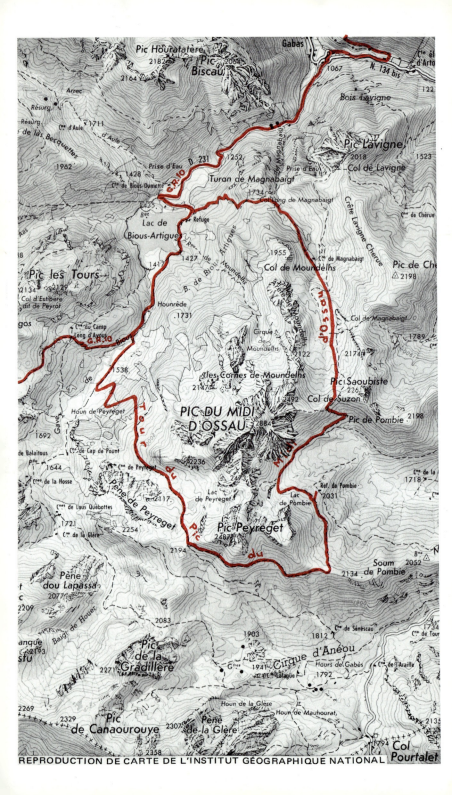

DESCRIPTION DE L'ITINERAIRE
17,5 km

50 mn — LAC DE BIOUS-ARTIGUES (1417 m)

Lac artificiel créé par l'E.D.F. Sur la berge E., chalet du Club Pyrénéa Sports de 30 places (tél. 12 à Gabas). Ravitaillement partiel et rafraîchissements à la cantine proche du chalet. Une porte du parc national sera réalisée, ici, en 1971.

Prendre en direction S. la piste forestière qui est suivie par le Sentier G.R. 10 et qui longe la rive E. du lac. Par un pont en béton, passer sur la rive g. du gave de Bious. Le sentier monte à travers une belle forêt de sapins et débouche sur la

1 h — 1 h — PLAINE DE BIOUS (1538 m)

Large plaine pastorale, couverte de jonquilles au printemps, à l'E. de laquelle le Grand Pic et le Petit Pic se déploient, tout entiers visibles, dominant le cirque de l'Embaradère.

C'est ici la séparation des itinéraires du G.R. 10 et du Tour du Pic du Midi d'Ossau.

Alors que le G.R. 10 prend à dr. pour monter dans la forêt, le sentier du Tour du Pic du Midi d'Ossau, descend légèrement à g. pour traverser le gave de Bious sur un pont de béton. A quelque distance de la rive dr. du gave, le sentier orienté S.-O. traverse la plaine sur une distance d'environ 800 m. puis s'infléchit vers le S. et l'E. pour traverser en lacets le bois des Arazures On débouche dans le vallon de Peyreget. Par une montée progressive vers le S., puis le S.-E. on atteint le

1 h 40 — 20 mn — LAC DE PEYREGET (2074 m)

Le Petit Pic masque progressivement le Grand Pic. C'est du Petit Pic que descend l'arête des Flammes de Pierre.

Le cheminement, toujours direction S.-E. débouche sur le

20 mn — 1 h — COL DE L'IOU (2194 m)

Col non désigné sur la carte I.G.N. au 1/50 000.

Belle vue sur le cirque d'Anéou, le col-frontière du Pourtalet (1794 m) et les montagnes d'Espagne.

Le sentier s'infléchit vers l'E., pour contourner le pic Peyreget (2487 m) et conduit en terrasse au

50 mn — 30 mn — CARREFOUR DU CHEMIN D'ANÉOU (2129 m)

Point non désigné ni coté sur la carte I.G.N. au 1/50 000.

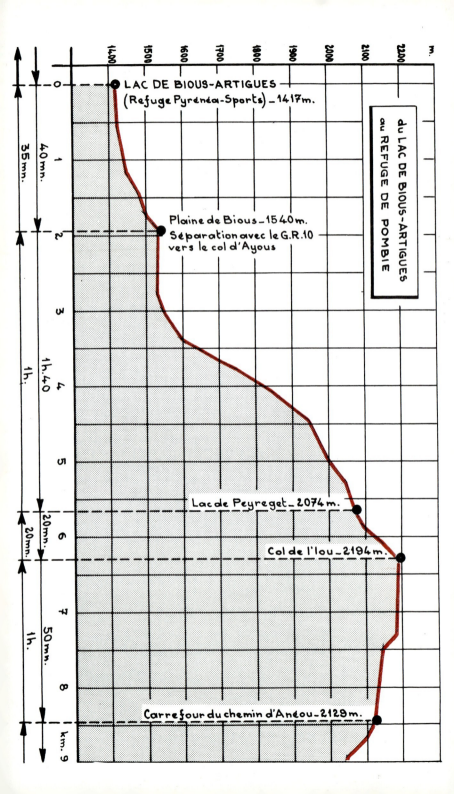

du LAC DE BIOUS-ARTIGUES
au REFUGE DE POMBIE

LAC DE BIOUS-ARTIGUES
(Refuge Pyrénéa-Sports) _ 1417m.

Plaine de Bious _ 1540 m.
Séparation avec le G.R.10
vers le col d'Ayous

Lac de Peyreget _ 2074 m.

Col de l'Iou _ 2194 m

Carrefour du chemin d'Anéou _ 2129 m.

Ce chemin, créé par le parc national, permet de descendre, en 1 h env. à la N. 134 bis, à proximité du col du Pourtalet.

Le sentier se dirige en légère descente vers le N. et conduit au

30 mn − 40 mn − REFUGE DE POMBIE (2031 m)

Refuge du Club Alpin Français (section de Pau) réalisé en 1966, gardé, 48 places, logement et repas. Construit dans un très beau site, au bord du lac de Pombie, face à la chaîne d'Artouste.

Le sentier longe la rive S. du lac, continue vers l'O. en légère montée puis s'infléchit vers le N. en descente ; il franchit la Grande Raillère de Pombie puis traverse des pâturages avant de remonter au

50 mn − 2 h. − COL DE SUZON (2127 m)

Point de départ de la voie normale d'ascension de l'Ossau.

Hors G.R.

A l'E., le pic Saoubiste (2261 m) que l'on peut atteindre en 30 mn.

Le sentier descend par la rive g. du gave de Magnabaigt vers le vallon du même nom et longe la base de l'arête de Moundelhs qui, peu à peu, cache l'Ossau. Descente à proximité d'une escade, puis déclivité douce vers l'O. à travers un véritable jardin de rhododendrons jusqu'au

1 h 40 − 1 h 10 − COL LONG DE MAGNABAIGT (1655 m env.)

Belle vue sur le pic Lavigne, le massif de Ger au N.-E., sur le massif des Sesques à l'E.

Par une descente dans le bois de Bious Artigues vers l'O. on atteint le

40 mn − LAC DE BIOUS-ARTIGUES (1417 m)

A proximité du refuge du Club Pyrénéa Sports où l'on retrouve le Sentier G.R. 10.

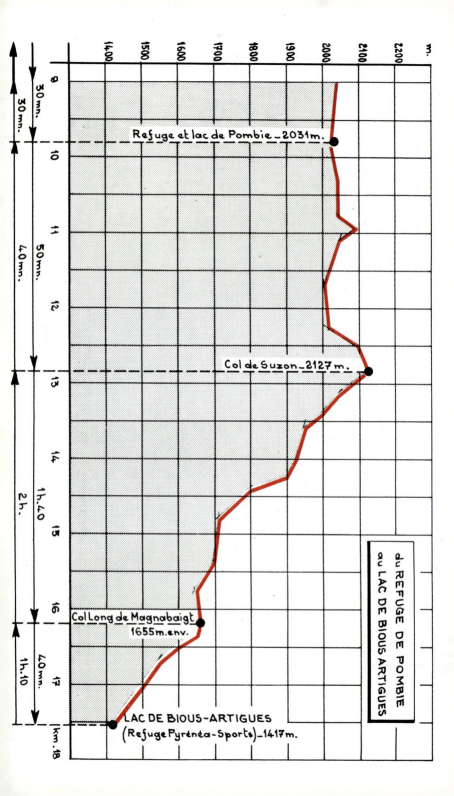

du REFUGE DE POMBIE
au LAC DE BIOUS ARTIGUES

Refuge et lac de Pombie _ 2031m.

Col de Suzon _ 2127 m.

Col Long de Magnabaigt
1655m.env.

LAC DE BIOUS-ARTIGUES
(Refuge Pyrénéa-Sports) _ 1417m.

INDEX DES NOMS DE LIEUX

DÉPOT LÉGAL 1er TRIMESTRE 1975
N° I.S.B.N. 2-85699-003-7
C.N.S.G.R. 1975
IMPRIMEUR : IMPREX 833.76.62

OBSERVATIONS

OBSERVATIONS

OBSERVATIONS

OBSERVATIONS